*Elogio da
Masturbação*

Philippe Brenot

Elogio da Masturbação

Tradução de
LIDIA DA MOTA AMARAL

CIP-Brasil. Catalogação-na-fonte
Sindicato Nacional dos Editores de Livros, RJ.

B848e   Brenot, Philippe
        Elogio da masturbação / Philippe Brenot; tradução
        de Lidia Amaral. – Rio de Janeiro: Record: Rosa dos
        Tempos, 1998.

        Tradução de: Éloge de la masturbation
        Inclui bibliografia
        ISBN 85-01-05318-X

        1. Masturbação. 2. Comportamento sexual. 3. Sexo
        (Psicologia). I. Título.

                        CDD – 155.3
98-1256   CDU – 159.922.1

Título original francês
ÉLOGE DE LA MASTURBATION

Copyright © 1997 by Philippe Brenot / Éditions Zulma
Publicado mediante acordo com AMS Agenciamento
Artístico, Cultural e Literário Ltda.

Todos os direitos reservados. Proibida a reprodução, no todo
ou em parte, através de quaisquer meios.

Direitos exclusivos de publicação em língua portuguesa no Brasil
adquiridos pela
EDITORA ROSA DOS TEMPOS
Um selo da
DISTRIBUIDORA RECORD DE SERVIÇOS DE IMPRENSA S.A.
Rua Argentina 171 – Rio de Janeiro, RJ – 20921-380 – Tel.: 585-2000
que se reserva a propriedade literária desta tradução

Impresso no Brasil

ISBN 85-01-05318-X

PEDIDOS PELO REEMBOLSO POSTAL
Caixa Postal 23.052
Rio de Janeiro, RJ – 20922-970

EDITORA AFILIADA

Sinal negro na face, sinal de loucura
Ou de chuva...
De tempestade — ou de orvalho —

TRISTAN CORBIÈRE

Sumário

Prelúdio 9

I. História de sexo 13
II. O dom do esperma 29
III. Os médicos do amor 39
IV. A beleza do gesto 57

Poslúdio 83
Bibliografia 93
Pequeno glossário da masturbação 95

Prelúdio

Confesso aqui publicamente como um ato expiatório: "Sim, eu me masturbei várias vezes!"

A confissão desse crime abjeto sujeito à repetição ter-me-ia custado a vida na Espanha sob a Inquisição, a prisão no século XVIII, pauladas ou sevícias físicas no século XIX e desprezo ou forte reprovação até bem pouco. Esse ato deixa, hoje, alguns indiferentes, mas leva ainda a incerteza a outros, que não sabem bem o que devem pensar dele.

Ben Johnson confessou *dopping*, de Quincey admitiu usar ópio e Gautier, haxixe; eu confesso a masturbação, crime solitário que tem raízes nos preceitos divinos do texto da Bíblia e renasce das cinzas no "século das trevas", século XVIII, não o de Rousseau, mas o de Tissot, também ele cidadão de Genebra, o qual empreendeu, sem grande habilidade, a guerra ao sexo.

Com a publicação em 1758 de seu tratado *De l'onanisme ou De maladies produits par la masturbation* (Do onanismo ou das doenças decorrentes da masturbação), Tissot inaugura duzentos anos de obscurantismo, desencadeando a repressão sexual, repressão aos impulsos apenas nascentes, culpabilização do sexo no que ele tem de mais "inventivo", de mais natural, de mais necessário: a masturbação. Com o passar do tempo, seu discurso influiu nos costumes, e ainda hoje a linguagem e a consciência popular estão impregnadas dele; ele está sempre vivo no mais fundo de nossas incertezas, alimenta a culpa do homem, da mulher ou dos casais que acreditam, em seu foro íntimo, que o que é agradável e prazeroso é nocivo.

Embora seja o ato mais freqüente de nossa sexualidade, a masturbação é o tabu mais íntimo da moral sexual do Ocidente. Os costumes mudaram; mostra-se o sexo na televisão; pode-se falar de estupro, incesto e transexualismo, pois tudo isso não nos diz respeito diretamente: nunca estuprei, jamais cometerei incesto, ao passo que...

Esta formidável cruzada empreendida por um exército de inocentes perseguidores era, na realidade, motivada, justificada e, até mesmo, legitimada por um grande medo — o do fim do mundo, o da destruição total da humanidade diante da perturbadora revelação: o esperma é vida, ele contém seres humanos, atenção ao genocídio!

Porém, se um sadismo vingador lançou um dia ao mundo inteiro este anátema criminoso, ninguém ousou dizer que a proibição estava suspensa. O que está sendo feito, hoje, por este *Elogio da masturbação*.

Elogio da Masturbação

I. História de sexo

> "É bom que as palavras menos usadas, menos escritas e menos pronunciadas sejam as mais sabidas e, geralmente, as mais conhecidas."
>
> MONTAIGNE, *Ensaios*, III, 5.

Como se diz *história de riso*, creio firmemente que se possa dizer *história de sexo*, pois um crime foi cometido quase fortuitamente na Suíça, no cantão de Vaud, no século XVIII; um crime sexual perpetrado nesse laboratório da Europa, às margens do lago Léman, onde resplandeciam no momento um Rousseau, cidadão de Genebra, e Voltaire, nas alturas de Ferney.

Essa *história de sexo* começa em 1758 com a publicação em Lausanne, em latim, de uma obra muito séria de Samuel Tissot, *Testamen de morbis ex manustupratione* ("Ensaio sobre as doenças decorrentes da masturbação"), que aparece quase confidencialmente após um de seus textos mais conhecidos — *Dissertation sur les fièvres bilieuses* (Dissertação sobre as febres biliosas).

Como muitas outras de sua época, essa publicação poderia tornar-se anedótica. Entretanto, vai despertar os velhos demônios da Inquisição e da caça às feiticeiras e modificar, durante muito tempo, as atitudes e a moral sexual até o início do século XX. Este livro-símbolo, constantemente reeditado, será o sinal da maior repressão sexual que a Europa conheceu e que perdura até hoje.

Samuel Auguste David André Tissot, que fará seu sobrenome ser sempre precedido por somente duas de suas iniciais, S. A. — Samuel André —, nasceu em Grancy, na região de Vaud, em 20 de março de 1728, de uma família muito piedosa. O tio a quem será confiado desde a infância era pastor. Samuel André fez brilhantes estudos em Genebra. Depois, estudou medicina em Montpellier, a mais antiga e famosa das faculdades da época. Doutor em Medicina em 1749, Tissot instala-se em Lausanne, onde se torna logo conhecido de toda a Europa por sua habilidade terapêutica, principalmente no tratamento da varíola, que ele trata com remédios classificados de "refrescantes", numa época em que se prescrevia somente sudação. Sua nova direção terapêutica lhe vale, então, grande renome, e ao mesmo tempo Tissot publica numerosas obras que obtêm sucesso considerável, porque, pela primeira vez, um médico escreve para o povo e registra seu saber em linguagem popular. Seu *Avis au peuple sur la santé* (Conselhos ao povo sobre a saúde), publicado em 1761 e traduzido para aproximadamente dez línguas, angaria os elogios dos contemporâneos. Lausanne o faz burguês e membro de seu

Conselho. Berna e Genebra lhe conferem numerosas honrarias. A Sociedade Real de Londres o torna um de seus membros. Em 1786, o rei da Polônia lhe confere o título de Primeiro-médico, assim como, no ano seguinte, o rei da Inglaterra.

Tissot recusa todas essas honrarias para continuar em Lausanne, onde a Europa inteira vem consultá-lo. Enfim, sua obra médico-literária será bastante original, a ponto de interessar a um público numeroso. Ao lado de obras especializadas sobre febres, dor de cabeça ou epilepsia, e a continuação de seus *Avis au peuple*, Tissot publica primeiramente uma reflexão bastante moderna sobre o tormento dos literatos — *De la santé des gens de lettres* (Da saúde dos homens de letras) — em 1769; depois, no ano seguinte, o *Essai sur les maladies des gens du monde* (Ensaio sobre as doenças das pessoas comuns), espécie de manual de medicina popular destinado ao povo em geral.

À luz deste inventário biográfico, Tissot nos aparece como um homem excepcional, original, inventivo, trabalhador infatigável e dotado de um carisma indubitável. Era evidente que ele não tinha necessidade de sexo para existir nem para fazer seu nome. Já era célebre por sua aura de médico. Ele não se tornou conhecido apenas pela masturbação.

Se Tissot surge hoje como o grande demiurgo dessa *história de sexo*, criador todo-poderoso do mito da masturbação, o cenário dela parece ser um pouco diferente, e Tissot é, na realidade, apenas o eco amplificador do choque traumático da Europa pré-científica, que descobre os mistérios da vida com a descoberta do espermatozóide e a ela reage de maneira defensiva pela proibição da masturbação. O bode expiatório tem sempre a virtude de reforçar a coerência de uma sociedade em crise. Trata-se aqui de um crime sexual, transgressor do tabu supremo — a preservação da vida. A legitimidade do perseguidor apresenta sempre a vítima como culpada do crime que ele acaba de cometer. A perseguição será, então, completa, desde que ela se perpetue de geração em geração pelo braço vingador daqueles que René Girard nomeia cinicamente *perseguidores inocentes*, "os que não sabem o que fazem".

Como em toda história de crime, a cronologia dos fatos é edificante e nos confirma a hipótese de complô médico-religioso destinado a preservar a fecundidade da espécie. Antes do crime, no século anterior, a masturbação não era condenada pela Igreja nem pelo corpo social, que só denunciava os excessos de libertinagem. Uma prova, se há necessidade disso, dessa "indiferença" em relação à masturbação: o famoso *Tableau de l'amour conjugal* (Quadro do amor conjugal), de Nicolas Venette, o primeiro "manual de sexologia", que veio a lume em 1675, não menciona uma única vez esse termo.

O acontecimento marcante, desencadeador dessa *história de sexo*, é na realidade a descoberta do espermatozóide por Leeuwenhoek, em 1677, descoberta que sacudiu os sábios e os filósofos da época, pois tiveram de repensar a moral sexual em vista dessa nova e surpreendente perspectiva. Ela será seguida, alguns anos depois, pela publicação em Londres, em 1710, de uma brochura anônima atribuída por Tissot a um certo Dr. Bekkers — *Onania ou o Pecado Infame da Desonra de Si Mesmo e Todas as Suas Terríveis*

Elogio da Masturbação

Conseqüências nos Dois Sexos, com Conselhos Morais e Físicos Endereçados Àqueles que Já Sofreram os Prejuízos desse Hábito Abominável, obra de sucesso considerável, pois Voltaire registra 24 edições dela, alguns anos após sua aparição. Em muito pouco tempo, a Europa médica adota uma posição unânime: todos os grandes médicos — Boerhaave, Hoffmann, Blancard, Lewis, Zimmermann — emitem opiniões consoantes, condenando a masturbação. Tissot pode, então, publicar seu *Testamen*, em 1758. Foi traduzido para o francês, dois anos mais tarde, aparecendo concomitantemente, em Lausanne, pelo mesmo editor, ao *Onanisme ou Discours philosophique et moral sur la luxure artificielle et sur tous les crimes relatifs* do pastor Dutoit-Membrini, pregador influente que será o guru de uma seita rigorista e que arremata manifestamente o discurso de Tissot. Este duo infernal premeditou claramente o crime: "Escrevo sobre as doenças produzidas pela masturbação e não sobre o crime da masturbação", diz-nos Tissot. "Tentarei vislumbrar o aspecto moral dela e fazer ver todo o seu horror", precisa, então, Membrini. A cruzada contra o sexo está lançada.

Dois séculos antes, em 1576, encontramo-nos no castelo de Montaigne. A algumas léguas de sua futura prefeitura de Bordéus, Michel Eyquem dá os últimos retoques na *Apologie de Raimond Sebond* (Apologia de Raimond Sebond), décimo segundo capítulo do segundo livro dos *Ensaios*, crítica longa e livre das evidências e das eternas banalidades do senso comum. Montaigne se arroga o direito de contradizer os filósofos clássicos e as idéias de seu tempo, endereçando a apologia a um teólogo espanhol muito conhecido na época. Nas últimas páginas desse capítulo, ele fala sobre a relatividade dos valores morais, do vício e da virtude, escrevendo, então, pela primeira vez em língua francesa a palavra *masturbação*: "Pois Diógenes, praticando em público a *masturbação*, desejava provar, na presença de todos os assistentes, que ele podia assim saciar seu ventre, esfregando-o" (II, 12).

História curiosa a dessa palavra erudita, derivada do latim clássico, e que aparece sob a pena de Montaigne em uma época em que se tece a língua com o humor do tempo e o chumbo das idéias novas. Educado no latim como língua viva, é bem provável que Montaigne tenha sido o criador dessa palavra e, por conseguinte, de certa maneira, o inventor do conceito em francês. Não se fala impunemente da masturbação.

Pode-se falar de um Montaigne libertino? Antes, sim, de um pensador livre de todo dogmatismo, que zomba da moral e lhe dedica uma ética pessoal feita de experiência própria. Ele foi um dos primeiros a arrogar-se o direito de enfrentar a opinião dos moralistas. E prossegue: "Àqueles que perguntavam (a Diógenes) por que ele não procurava um lugar mais apropriado para comer (masturbar-se) do que a rua, ele respondia que tinha fome em plena rua." Montaigne toma partido da liberdade individual com uma única restrição: "Que se imponha um único freio aos desejos voluptuosos: o da moderação e da conservação da liberdade do outro" (*op. cit.*).

Enfim, é simbolicamente marcante que essa palavra nasça pela pena de Montaigne, quando se tem conhecimento do compromisso moral do autor dos *Ensaios* com uma

Elogio da Masturbação

confissão sincera, no momento em que todos se calam: "Enfim, eu me comprometi a ousar dizer tudo o que ouso fazer e me aborrecem os pensamentos impublicáveis... Porque é bom que as palavras menos usadas, menos escritas e menos pronunciadas sejam as mais sabidas e, geralmente, as mais conhecidas" (III, 5). Essa descoberta é uma primeira confissão.

A palavra subsistirá sob duas formas, que coexistirão por mais de um século — *manustupração* (de *manus*, mão, e *stupratio*, ação de sujar, macular, manchar) e *masturbação* (do latim *masturbatio*, ou talvez do grego *mastropeuein*, prostituir) —, assim mesmo, de emprego raro, na verdade confidencial, pois a masturbação não era então objeto de nenhuma condenação e, portanto, não havia motivo para dela falar, não como acreditavam inocentemente alguns médicos do século XIX, por ela não existir na época(!), mas sobretudo em razão de seu lugar natural no amadurecimento e no completo desenvolvimento sexual.

Em seguida encontram-se vestígios dela em termos populares ou metafóricos na literatura do século XVII. Muito conhecido é "Afio minha faca para esta noite", de um conto de La Fontainne; é também a célebre fórmula de Tallemant de Réaux: "Creio", diz-lhe ele, "senhora, que vós vos congratulais", ou ainda esta passagem de *Ode à Priape* (Ode a Priapo) de Alexis Piron: "Do bom Guillot o vi endurecendo / E o apunhalava tão forte concupiscência / Que num canto com as mãos trabalhava." Entretanto, a palavra não era sempre encontrada nas páginas dos dicionários: brilha por sua ausência na primeira edição do *Dictionnaire de l' Académie*, de 1694. O trabalho dos Quarenta, bastante árduo, fará com que ela apareça somente na sexta edição, de 1835! Sem imaginá-los a todos masturbadores assíduos, é pouco provável que algum deles a ignorasse. Entretanto estamos ainda no século XVII, antes de Leeuwenhoek, e ninguém fala de masturbação.

A moral cristã condena o pecado da carne e seu excesso, a luxúria. A Faculdade acerta o passo com o clero, médicos e teólogos falarão a mesma língua, primeiramente para condenar o "excesso" e, em seguida, para fustigar "o vício solitário". Numerosos autores tentaram explicar o motivo desse ímpeto repressivo. Uns, no plano sociológico, pelo crescente controle dos "instintos", necessário para a evolução da sociedade; os outros, por um retrocesso coletivo que procurava conter os costumes demasiadamente livres, ou ainda por um sentimento de culpa, que assim estaria reparado. Creio, de minha parte, na função de bode expiatório destinada ao masturbador, que serviria apenas para encobrir as razões profundas dessa perseguição, tal como se esconde um grande medo ou uma grande culpa.

Em 1675, somente dois anos antes de Leeuwenhoek, Nicolas Venette evoca, um tanto repetidamente, comportamentos masturbatórios em seu longo *Traité de l' amour conjugal* (Tratado do amor conjugal), porém sem jamais mencionar o nome nem os condenar: "Ela é morena, e seus olhos faiscantes são sinais de uma chama escondida. A boca é bela e bem-feita, mas um pouco grande e seca. O nariz é um pouco chato e arrebitado. O pescoço é grosso e duro. A voz, forte, e os quadris, bem largos. Os cabelos são negros, longos e um pouco ásperos, e desde os onze ou doze anos

Elogio da Masturbação

ela percebeu que pêlos nasciam em suas partes íntimas, e que ali emoções amorosas a excitavam... O mar esgotar-se-ia; poder-se-iam apanhar estrelas com as mãos, antes de acabar com as más inclinações dessa jovem. A natureza, a beleza, a saúde e a juventude são os grandes obstáculos à sua castidade. E tudo isso lhe serviu de bom mestre para ensiná-la a amar ternamente." Nenhuma condenação turva essa observação; percebe-se até que Venette vê na liberdade dos impulsos a garantia de uma vida amorosa mais livre. Que fazer, pergunta ele, contra o poder do desejo? Esgotar-se-ia antes o mar! A onda repressiva evidentemente ainda não nasceu.

Poucos anos depois, a mesma história soará de maneira totalmente diferente: "Essa doença ataca os jovens ou os libidinosos; eles não têm febre, e embora comam bem, emagrecem e se consomem... Os prazeres prejudicam sempre as pessoas fracas, e seu uso freqüente enfraquece as mais fortes." Cada página está repleta de apoplexias, letargias, epilepsias, tremores, fraquezas, nervosismos, insensibilidades, conseqüências naturais do mais odioso crime contra a natureza: a masturbação. Estamos em 1758, no pós-Leeuwenhoek, nas primeiras linhas do discurso de Tissot.

Ao longo das páginas misturam-se profanação, masturbação e libertinagem, numa dança culposa desancadeante do desregramento metódico de cada parte do corpo, do menor dos órgãos, que exaure as forças e esgota os humores, que seca o corpo e a alma.

Seu primeiro quadro, hoje bastante famoso porque seria retomado como eco durante quase dois séculos, tem um grande e único mérito — o de ser bastante inquietante: "Fiquei aterrorizado", confessa Tissot, "a primeira vez que vi o infeliz; logo senti necessidade de mostrar aos jovens todos os horrores do precipício no qual se lançam voluntariamente."

L. D. era relojoeiro. Gozou de boa saúde até aos 17 anos. Nessa época, entregou-se à masturbação, vício que praticava todos os dias, até três vezes por dia. A ejaculação era sempre acompanhada de um apocalipse bastante demonstrativo — precisa-nos Tissot —, uma ligeira perda de consciência e um movimento convulsivo dos músculos extensores da cabeça, "que a jogavam fortemente para trás, enquanto o pescoço inchava espantosamente".

O quadro é impressionante, o tom alarmista, o aviso claro, o prognóstico vital. "Não decorreu nem um ano", prossegue ele, "e o jovem começou a sentir grande fraqueza após cada ato. Esse aviso não foi suficiente para retirá-lo do atoleiro. Sua alma já estava totalmente entregue à torpeza, não era mais capaz de formular outras idéias; as repetições de seu crime tornaram-se cada vez mais freqüentes, a ponto de se encontrar em tal estado que passou a temer a morte. Despertado demasiadamente tarde, o mal já progredira tanto que não podia mais ser curado. As partes genitais estavam tão irritadas e tão frágeis que não havia mais necessidade de um novo ato desse infeliz para fazer derramar o sêmen. A mais leve irritação produzia uma ereção imperfeita, imediatamente seguida de um derramamento do líquido seminal, o que aumentava a cada dia sua fraqueza. Esse espasmo, que antes só experimentava no momento da consumação do ato, tornara-se habitual e o atacava sem nenhuma causa aparente e de maneira tão violenta que, durante o acesso, que durava por vezes 15 horas, sentia dores tão violentas que emitia não gritos, mas urros. Era-lhe impossível engolir qualquer líquido ou sólido durante esse tempo. Sua voz tornava-se rouca... e perdia totalmente as forças. Obrigado a renunciar à sua profissão, incapaz de tudo, arruinado pela miséria, padeceu meses quase sem socorro; um resto de memória, que não tardou a se apagar, fazia-o lembrar e lamentar sem cessar as causas de sua infelicidade, e aumentava o horror de seus remorsos."

"Antes de avaliar seu estado, dirigi-me à sua casa", prossegue Tissot. "Encontrei não um ser vivo, mas um cadáver estendido sobre a palha, magro, pálido, sujo, recendendo a um odor infecto, quase incapaz de qualquer movimento. Perdia pelo nariz um sangue pálido e aquoso, uma baba saía-lhe continuamente da boca. Com diarréia, defecava na cama sem se dar conta. O fluxo seminal era contínuo. Os olhos remelentos, turvos, apagados, não possuíam mais a capacidade de se movimentar. A pulsação era extremamente curta, rápida e fraca; a respiração, ofegante; magreza excessiva; os pés começavam a ficar edematosos. O desequilíbrio do espírito não era menor: já não concatenava idéias, não tinha memória, era incapaz de formular duas frases, não refletia nem tinha expectativa sobre seu destino, sem sentimento senão o da dor. Bem abaixo da condição de animal, visão da qual não se pode imaginar o horror, reconhecia-se apenas que pertencera à espécie humana... Morreu ao cabo de algumas semanas, em julho de 1757, com todo o corpo edematoso."

Essa observação, como tantas outras, possui todos os atributos de uma parábola. Começa por um testemunho patético: "Fiquei aterrorizado" — o que autentica a narração e garante a veracidade dessa fábula, como se dissesse: "O que vou lhes contar é verdadeiro!"

A descrição enfática e a encenação dramática da narrativa contribuem para criar um clima sugestivo que permite ao leitor aderir às conclusões do "bom Dr. Tissot". Ele próprio nada pode fazer diante de tal flagelo, embora todos reconheçam sua enorme competência. Logo dá o golpe de misericórdia: "Nem todos os que se entregam a esse odioso e criminoso hábito são punidos tão cruelmente, mas não existe um único que não padeça de alguma forma."

Não há razão alguma para pôr em dúvida a sinceridade de Tissot; porém, ao mesmo tempo, não há motivo para aderir a suas conclusões. Trata-se de um quadro agudo, de grave evolução, semelhante a uma infecção tóxica generalizada de desfecho fatal por ausência de tratamento específico, mas que não tem nenhuma ligação com a prática eventual da masturbação.

Que homem ou que mulher sensatos ousariam tocar seus órgãos genitais após tal narrativa? Quantos retrocessos, quantas angústias, quantas culpas foram conscientemente ativadas por gerações de médicos normalizadores e moralizadores!

"Mostrarei a amplitude desse crime", extrapola Membrini em seu *Onanisme*, "descerei até suas origens, farei ver que em certos pontos ele é um vício mais grave do que o ato simples e natural da fornicação, este já por si mesmo tão criminoso... Epidemia infernal que espalha sua infecção progressivamente. Como não apresentar um antídoto a essa taça de sedução apresentada por tantos emissários do inimigo e que a juventude recebe e dá sucessivamente?" E acrescenta, se ainda necessário fosse: "Juventude já infelizmente culpada, depois de ter visto na obra precedente [a de Tissot] as aterrorizantes enfermidades de um corpo que tu tratas com carinho, contempla ainda aqui a condenação que te espera, se não tomares medidas rápidas para afastar-te desse abismo."

Essas duas obras foram escritas exatamente na mesma época, com o objetivo complementar da repressão física e moral dos impulsos sexuais, numa emulsão de idéias que chega às raias do delírio. Não esqueçamos que Tissot recebia de toda parte encorajamentos, felicitações; que Rousseau dizia-se seu amigo e que Voltaire, seu vizinho próximo, que passara vários invernos em Lausanne, agradecia-lhe assim: "Essa obra é um serviço prestado ao gênero humano. Minha carta seria mais longa se eu pudesse entregar-me a todos os sentimentos de estima que o senhor me inspira... Seu doente, Voltaire."

Rousseau esquece pelas circunstâncias suas práticas solitárias e, assim, expressa remorsos carregados de culpa: "Bastante contrariado por não ter conhecido mais cedo o tratado da *Manustupration*... O senhor me diz que a referida obra foi proibida em Paris. Isto consolar-me-ia, pois o meu (*Emílio*) lá foi queimado, se a estupidez e a hipocrisia, justificando o que elas denunciam, não fossem a comprovação da vergonha e das misérias de nossa espécie... Sei que fomos feitos para nos entender e amar. Todos os que pensam como nós, são amigos e irmãos... Coloco-me a seus pés, senhor" (julho de 1762).

Rousseau, que será para Tissot um apoio em todos os momentos, não poupará jamais elogios a esse "médico da alma", como ele o chamava e do qual quis ser o último confidente: "Como em minha última doença desejaria ter um Tissot à minha cabeceira, a fim de que, quando não houvesse nada mais a fazer ao corpo, o senhor fosse também o médico da alma" (1º de abril de 1765).

No mesmo ano, 1765, aparece em A *Enciclopédia* um longo artigo — "*Manstupration*" ou "*Manustupration*", seis colunas em quatro páginas! Ali é retomada a teoria dos humores e de sua eliminação, agora com o lado moral vinculado à masturbação: "A única maneira de eliminar o sêmen supérfluo e que está de acordo com as vias da natureza é a que se estabeleceu no comércio e na união com a mulher... e que ela consagrou para unidos gozarem os mais deliciosos prazeres." "Apesar dessas precauções da natureza, viu-se (...) expandir e prevalecer um costume infame nascido no seio da indolência e da ociosidade (...) Esses prazeres forçados são causa de uma infinidade de doenças muito graves, o mais das vezes mortais." Seguem-se as fábulas habituais de um discurso monomaníaco com evolução sempre trágica, alguns casos clínicos de Tissot, o do relojoeiro, uma discussão sobre a opinião que Hipócrates tinha sobre o assunto e, enfim, alguns conselhos terapêuticos, da quina à mudança de ares e, certamente, à abstinência. As mentalidades mudaram, a repressão se instalou.

"Será nos vícios da educação, na sedução dos exemplos perigosos e na força do temperamento ou no efeito das paixões que é preciso buscar a causa da masturbação?", pergunta Chambon de Montaux no tratado sobre as *Maladies des filles* (Doenças das moças), de 1785, "pois as ligações formadas pelo vício têm, quase sempre, aparência sedutora." Em alguns anos, o discurso evoluiu, o médico fez-se moralista, ele é inquisidor, o negócio é legítimo, o crime está consumado.

II. O dom do esperma

> "Mas que espetáculo maravilhoso, quando descobriu animais vivos!"
>
> LIGNAC, *l' Homme et la Femme*, 1772

Grande erro histórico, essa *história de sexo* parece ter sido construída em torno de um mal-entendido: a confusão entre onanismo e masturbação, por uma interpretação errônea da perda seminal.

A história de Onã encontra-se em todas as memórias, mas poucos são os que leram seu texto. No Gênese, capítulo 38, Onã é o segundo filho de Judá, fundador de uma das tribos de Israel. Como patriarca que comanda sua família, Judá escolheu as mulheres de seus filhos como o fez para si mesmo:

"Judá tomou uma mulher para Er, seu primogênito. Seu nome era Tamar. Porém Er, o primogênito de Judá, desagradou a Javé, e Javé o puniu com a morte. Então Judá disse a

Onã: 'Vai até a mulher de teu irmão e cumpre em relação a ela teu dever de cunhado, faz um descendente para teu irmão!' Mas Onã sabia que esse filho não seria dele. Assim, quando Onã voltou após estar com a mulher de seu irmão, lançou no chão seu sêmen, a fim de não dar um filho ao irmão. O que ele fez desagradou a Javé, que também o puniu com a morte."

Pode-se, evidentemente, fazer várias leituras desse texto bíblico. Primeiramente, é irônico dizer que se trata de uma antiqüíssima história de família, através da qual querem nos tornar culpados, mas que cada um de nós sabe que não nos diz respeito. Em seguida, pseudo-analítico, pode-se ler a revolta dos filhos contra a lei do pai, que se alia a Deus para exercer seu castigo. Será que eles cometeram uma falta tão grande para ser punidos com a morte? Desagradar. Revolta contra Deus e o pai, que enunciam uma lei injusta; que casam esse filho contra sua vontade e o privam de um filho. Mas pode-se ainda render homenagem a Onã, que, diante dessa dupla opressão, inventou a contracepção, primeira menção na história do *coito interrompido*.

A leitura clássica desse capítulo do Gênese relembra o costume do levirato, que impôs à jovem viúva sem filhos casar-se com o cunhado (do latim *levir*, cunhado) e a condenação de Onã por ter desperdiçado seu sêmen. Se não se sabe qual o erro de Er, o de Onã está bem claro — ele matou os filhos que poderiam nascer ao verter o líquido seminal no chão. O termo hebreu que aqui está traduzido por "descendente" significa ao mesmo tempo sêmen e posteridade. Este é, ainda hoje, o posicionamento de numerosos fundamentalistas, judeus ou cristãos, que condenam qualquer contracepção sob o nome de assassinato, de crime contra a descendência, sendo o onanismo, sob essa ótica, um coito interrompido.

Essa confusão entre onanismo e masturbação aparece somente com a publicação de *Onania*, obra de Bekkers, que utiliza este termo para fundamentar seu discurso moralista na Bíblia e emocionar os espíritos. Não se trata evidentemente de onanismo no sentido literal da palavra, mas, em inglês, de *autoprofanação*, isto é, de masturbação. Como seu correspondente *masturbação*, o termo *onanismo* não se encontrava ainda nos dicionários do século XVIII, e só fará sua entrada, tardia, no da *Académie*, em 1835, com o sentido de *masturbação*, cada um deles referindo-se ao outro.

Entretanto, se o onanismo é totalmente distinto da prática manual, a confusão se estabeleceu por contigüidade de sentido, pois os dois levam a um mesmo resultado: a perda do sêmen. Hoje, acontece o mesmo em relação à contracepção. Qualquer método que desvie o esperma das vias naturais será violentamente condenado pela moral cristã, cujo único objetivo lícito aos olhos da Igreja é o da fecundação. O masturbador-onanista é, pois, condenado, como o foi Onã à morte, por deixar escapar a vida.

Então, pode-se dizer que essa condenação é antiga, por causa da confusão da teoria dos humores, que misturava o sangue, a linfa e o esperma num mesmo líquido interior, sinônimo de vida. "O sêmen do homem", diz-nos Hipócrates, "provém de todos os humores de seu corpo, sendo o mais importante deles." Assim como o sangue, o esperma era, na época, considerado uma parte inteira do corpo humano, como era a carne, a tal ponto que essa questão dividiu os primeiros cristãos, uns aceitando a felação numa espécie de comunhão fraterna — isto é meu corpo —, outros condenando-a por canibalismo. Em *De semine*, Galeno, um dos pais da medicina, defende a mesma idéia: "Este humor", diz ele, "é uma parte mais sutil que todas as outras; as veias e os nervos conduzem-no de todo o corpo para os testículos. Ao perder o sêmen, o homem perde ao mesmo tempo o espírito vital. Não é nada espantoso que coitos muito freqüentes debilitem, enfraqueçam, pois privam o corpo do que ele tem de mais puro." Essa crença antiga na equivalência dos humores e de sua mistura interior permanecerá em vigor durante dois milênios. O excesso sexual era encarado, então, como causa de perda de energia.

O século XVII será um século de descobertas técnicas e de invenção da língua. Mal Jansen, sábio holandês, inventa o microscópio, em 1604, e as observações se multiplicam. Porém nada de muito extraordinário durante mais de 72 anos — tudo o que se observa é inerte, estático, sem vida, até que Leeuwenhoek descobre, em 1677, o que ele chamou, no início, de *animúnculos,* e que hoje nada mais são que os espermatozóides, orgulho do sexo masculino, se nos reportarmos ao sucesso de certos filmes recentes que questionam esse protótipo do macho.

O espanto de Leeuwenhoek está na medida do infinitamente pequeno em que ele penetra. Parecem, diz ele, os girinos bissexuais, mas sobretudo "às vezes mais de mil se

Elogio da Masturbação

agitam num espaço tão grande quanto um grão de areia". Essa vida indiscutível no seio do líquido seminal e a importância dessa multidão parecem ter impressionado profundamente todos os naturalistas que se debruçavam sobre o *animal espermático*. É preciso dizer que o espermatozóide era considerado um pequeno ser completo que necessitava apenas crescer. O que fazer diante da imensidão dessa descoberta, diante dessa massa, dessa multidão destinada a "não se sabe quê", à vida, ao suicídio ou ao extraordinário?

Em 1772, em *Traité de l' homme et de la femme* (Tratado do homem e da mulher), Lignac testemunha a perplexidade do naturalista diante dessas novas questões que lhe coloca a natureza: "Hartsoeker atreve-se a examinar no microscópio o líquido seminal. Mas que espetáculo maravilhoso quando ele descobriu ali animais vivos! Uma gota era um oceano onde nadava uma multidão inumerável de pequenos peixes em mil direções... Não se poderia deixar de pensar que esses animais descobertos no líquido do macho fossem a causa de sua reprodução. E a fecundidade, seguindo esta descoberta, era devida inteiramente aos homens."

A primeira evidência que veio ao espírito desses pioneiros foi a de que o animal era pré-formado no esperma para, em seguida, desenvolver-se no útero. Novo orgulho: o homem assegurava assim, somente para si mesmo, a descendência da humanidade. Essa tese de Leeuwenhoek e dos primeiros espermaticistas, que sustentavam, de certa maneira, o primado masculino, opunha-se à do grande anatomista, também holandês, Régnier de Graaf, que acabara de descobrir os ovários e sustentava que o embrião ali estava inteiramente contido: "O sêmen do macho não é senão o veículo de um espírito volátil e animal que imprime um contato vital no ovo da fêmea." Cada qual defende sua descoberta, ao passo que o papel fecundante do espermatozóide só será verdadeiramente demonstrado no final do século XIX.

Lignac não deixa de se admirar: "Leeuwenhoek, em suas fantásticas observações, constatou que esses animaizinhos são tão pequenos e em número tão elevado que 3.000.000.000 deles não chegam ao tamanho de um grão de areia. Mais adiante, esse célebre físico distinguiu o macho e a fêmea. Esses animais têm uma cauda e são muito semelhantes a rãs." Esses etnólogos de outro planeta são viajantes do imaginário. Eles descobrem, constroem e inventam ao sabor da imaginação. Alguns acreditam ver a silhueta de um homem sob a forma de um verme; outros afirmam poder distinguir os machos e as fêmeas. Todos observam o aglomerado e a agitação externa, que é sinal da vida. Então, por que só se encontra movimento no líquido seminal? Os cientistas observaram detalhadamente outros líquidos do corpo humano e todos pareciam desesperadamente sem vida. Ou melhor, grandes glóbulos inertes deslizam em "mares sempre desertos, onde não se observa o menor sinal de vida".

Os viajantes desse mundo infinitesimal ficarão perplexos durante aproximadamente dois séculos. Eles se questionarão indefinidamente, e o número infinito de interrogações lançará mais incertezas do que certezas à verdade. A angústia e a revolta dominam os sentimentos contraditórios dos que tentam compreender o que é ainda incompreensível. Primeiramente, é a quantidade que fascina, perturba e, depois, inquieta: "O que mais revolta a razão é a desproporção estranha que se encontra entre o número desses pequenos seres contidos numa gota do líquido seminal e o dos indivíduos que conseguem nascer."

"Riqueza imensa!", exclama Maupertuis, "fecundidade sem limites da Natureza, você é aqui um prodígio, não é?" Porém a imaginação não conhece limites quando é preciso explicar o inexplicável. Esse mundo em miniatura não é uma réplica do outro, o dos humanos? E desde quando ele tem a capacidade de viver sem que o saibamos? Desde a criação? Esses animais espermáticos são imortais? O número deles é constante, igual ao da humanidade? Vamos ainda mais longe: se cada um de nós abriga uma infinidade de gerações, podemos pensar — continua Lignac — que "Em Adão estariam todos os homens que apareceram sobre a terra e todos os que daqui para a frente virão habitá-la? a (...). Assim sendo, o primeiro homem traria dentro de si os germes de todos os homens por nascer". O delírio chega ao clímax. A razão sucumbe. "Não existe um rapaz ou uma moça de qual não se possa dizer a mesma coisa." Eis o crime de Onã consumado. A catástrofe é iminente. Através de uma única ejaculação culposa, o assassinato da humanidade é, agora, uma coisa possível. Florescem, então, discursos alarmistas num clima de apocalipse. O espetáculo de "aniquilamento absoluto dos seres organizados" aparece sob o olhar dos microscópios.

À luz dessa hipótese, podemos reler muitos textos onanistas. O extermínio da humanidade e a ameaça de fim do mundo surgem, então, em filigrana, no discurso de todos os moralistas, e do primeiro deles: "Perder seus germes ou deslocá-los para outro lugar", diz Membrini, "é suprimir-lhe o destino; é torná-los absolutamente inúteis; é violar a lei da natureza, a lei de Deus... é não fazer outra coisa senão destruir o sistema da criação."

A angústia da morte e sua origem na revelação de uma vida espermática aparecem claramente nos pais fundadores da cruzada contra a masturbação. É ainda Membrini que acusa o onanismo, aqui denominado *"enorme"*: "Eis pois o *enorme* culpado, ao mesmo tempo, do suicídio e do infanticídio. Mas quem poderia calcular o número dessas mortes? Quantos seres suprimidos? Para avaliá-lo, resta saber se um homem seria capaz de sozinho produzir tantos seres quanto nosso globo possa conter." "Isso não é o suficiente para provar tal crime", responde-lhe Tissot, "apenas demonstra que é um ato de suicídio." Com efeito, o Apocalipse não está longe e a condenação eterna espreita a todos, todos os gozadores da vida, homens e mulheres abertos para o prazer; porém, antes de tudo, culpados desse gesto abominável. Parecia poupar os tristes, os tímidos, os inibidos, os oprimidos, todos aqueles ornados de uma auréola, cobertos com o mérito da castidade.

Apesar dos moralistas, formou-se o banco de esperma,

a fim de suprir a deficiência da natureza. Então, arme-se de um frasco estéril e de uma oferta de paternidade; o onanismo, triste desperdício de sêmen, é proibido pela Igreja, não a masturbação que cultiva o dom em espécie!

III. Os médicos do amor

> "Vamos comprometer o progresso, deixar enferrujar as máquinas por causa das ejaculações?"

Médicos do amor, médicos da morte, poder-se-ia dizer desses perseguidores que, durante décadas, encurralaram o desejo, sufocaram o prazer e mataram o amor. Tão logo a guerra do sexo foi declarada, esqueceram-se suas razões, e todos os argumentos foram bons, mesmo os mais absurdos, os mais sádicos ou os menos refletidos. Aqui, pode-se realmente falar de perseguição coletiva no sentido dado por René Girard, isto é, de violências cometidas por multidões homicidas, "como o massacre dos judeus durante a peste negra". A palavra não é forte demais, pois essa perseguição de várias gerações matará o que forja a alma humana, o que distingue o homem do animal, matará por um tempo o erotismo.

Essa caça às bruxas possui ainda todos os atributos e estereótipos da perseguição coletiva: a legitimidade que lhe confere a autoridade médico-religiosa e o encorajamento da opinião pública. A Europa acaba de sair de guerras religiosas, e sua paranóia, por instantes adormecida, só aguarda seu despertar sob o mais banal dos pretextos. O braço de Deus convoca, então, todos os educadores, preceptores, professores, quando o olhar dos pais falha na vigilância. Ele convoca o padre, o pastor, o ministro do culto, a fim de que façam respeitar a lei do pudor. Ele ajuda o médico a seguir a lei da natureza.

E podemos falar em perseguidores "inocentes" diante da estupidez de seus argumentos e de suas interrogações. É, principalmente, a questão da origem que os torna perplexos. Como tal prática, tão profunda abominação pôde nascer? Onde? E quando? Dá até para acreditar que nenhum deles jamais tocou com o dedo o mais íntimo de seu ser: "É difícil", diz o Dr. Fournier em 1893, "determinar a época em que esse vício apareceu. Parece que já era conhecido na Antiguidade mais remota (...) porém, comparando o vigor dos antigos com o nosso, podemos crer que o onanismo era menos comum entre eles do que entre os contemporâneos."

Assim mesmo, é preciso ser pouco observador da natureza para se perguntar sobre seu caráter, quando a masturbação é um comportamento comum ao homem e aos animais e é expresso em todas as populações humanas.

Fournier prossegue seu pensamento preconceituoso: "Os habitantes do Norte estão menos sujeitos à masturbação do que os do Sul; esta diferença se explica pelo clima quente, que leva, por si só, a excessos venéreos. Além disso, é sobretudo na África e nas regiões meridionais da Ásia que os adultos se familiarizam com a prática do onanismo." Se esse hábito "depravado" lhe parece mais freqüente longe da civilização, ele retoma também uma idéia, largamente disseminada na época, segundo a qual o onanismo é natural entre os primitivos e doentio entre os civilizados: "As doenças que são produto dos excessos do onanismo tornam-se mais freqüentes quando as sociedades modernas atingem o mais alto grau de civilização."

Tal pensamento persecutório não chega a estabelecer uma contradição ou a estar próximo ao ilogismo; ele persegue cegamente sua missão de erradicar o mal onde quer que este se encontre. Assim como os primórdios do cristianismo foram marcados — a exemplo de Paulo e Agostinho — por preceitos rigorosos de alguns homens frustrados que impuseram durante séculos uma moral retrógrada, também os que instituíram essa caça às bruxas parecem não conhecer a masturbação — ou, pelo menos, negam-se a confessá-lo —, justificando *a posteriori* sua frustração pela condenação do outro. Com efeito, é muito raro que um homem nunca tenha se masturbado; isso só se observa quando existem profundas inibições ou neuroses graves. É de acreditar que Tissot, Membrini, Surbled, Fournier e os outros se encontravam suficientemente neuróticos e ultrapassados para se tornarem surdos e cegos a evidências elementares.

A história toma, agora, o porte de um mito, dado que se repete e se adorna de pseudocasos clínicos e de alguns textos exemplares, habilmente escritos com o intuito de impressionar os espíritos. É o caso da "história infeliz", narra Fabrice Hilden, "de um jovem a quem tinham cortado a mão e que, quando a cura ia adiantada, quis satisfazer seus desejos sem a participação de sua mulher. Esse homem provocou uma emissão de sêmen que foi imediatamente seguida por incidentes violentos, que lhe provocaram a morte ao cabo de quatro dias". O que deseja provar esta fábula rocambolesca senão que uma única mão basta para perpetrar o crime?

Deve-se desconfiar também da perversão das moças — diz ainda Lignac —, pois "o tamanho do clitóris, que se iguala, por vezes, ou até ultrapassa o do pênis, levou mulheres a usá-lo com outras. É por esta razão que o clitóris é chamado *o desprezo dos homens*". O esperma não está mais em jogo. O mito da mulher fálica surge pela segunda vez, uma mulher que teria todas as prerrogativas do homem, a iniciativa e o prazer, representando por essa razão um profundo perigo social com risco de revolução, isto é, de uma reviravolta de valores. Aí também os argumentos são fortes e falsos, embora impressionantes. É o clitóris que, igualando-se ou ultrapassando em tamanho o órgão masculino, induz essas mulheres a um desejo sem limites. É esse clitóris culpado que é preciso cortar, queimar, castrar, a fim de trazer os impulsos à normalidade. Lignac continua: "O clitóris é normalmente bastante pequeno. Ele começa a aparecer nas meninas na puberdade e se desenvolve à medida que elas avançam em idade e quando têm temperamento erótico. A menor titilação voluptuosa o faz inchar, e na união dos sexos endurece como a parte que distingue o homem. Sua externa sensibilidade o fez ser chamado pelos latinos *gaude mihi* (proporcione-me prazer); Venette chama-o de *o arrebatamento* ou *a raiva do amor*."

Desconfiemos, pois, desses clitóris disformes e de seu poder subversivo. Diz-se que uma mulher o tinha tão grosso quanto o pescoço de uma pata. Foi açoitada em praça pública por ter abusado dele. Aí está o perigo: mulheres que se passam por homens e imitam o que eles fazem. São chamadas de tríbades ou *frictrices* (de *friction* [fricção]) e, também entre os franceses, de *frotteuses* (de *frotter* [esfregar]). Felizmente, possuímos livros de virtudes que nos indicam a moral e condenam o onanismo. O médico, o patrão, o educador, devem estar vigilantes, pois o vício se insinua mesmo onde não poderíamos jamais suspeitar. Com o progresso técnico irão aparecer ainda mil novos motivos de tormento: "O uso da máquina de costura", conta o Dr. Pouillet no início do século XX, "é não somente causa de masturbação mas também um de seus meios. Durante uma visita que certo dia fiz a uma fábrica de uniformes militares, fui testemunha da seguinte cena: em meio ao barulho monocórdio de umas trinta máquinas de costura, percebi, de repente, que uma delas funcionava com mais velocidade do que as outras. Olhei para a pessoa que a movimentava e vi uma morena entre 18 a 20 anos. Enquanto ia puxando automaticamente a calça que confeccionava, seu rosto se animava, a boca entreabria-se, as mãos se dilatavam e o vaivém dos pés levavam os pedais a um movimento sempre crescente. Logo, vi seus olhos se agitarem, suas pálpebras se fecharem, sua cabeça pender e voltar-se para trás, suas mãos e pernas pararem e se distenderem. Um pequeno grito abafado seguido de um longo suspiro perdeu-se em meio ao barulho da fábrica. A jovem ficou como desfalecida durante alguns segundos. Depois, tirou o lenço, enxugou as têmporas, onde o suor brotava, lançou um olhar tímido, envergonhado, ainda ligeiramente perdido, para as companheiras, e recomeçou o trabalho." Se não fosse destinada à reprovação, essa cena de amor consigo mesma seria uma das mais belas descrições jamais escritas. O tom é bastante solto, preciso, vivo. Não estou longe de pensar que o autor dessas linhas sentiu certo prazer na contemplação do amor mecânico.

A auto-suficiência feminina é sinal, de certa maneira, de uma independência que não corresponde ao gosto dos homens. É o reino das trocas, dos substitutos, das compensações, reino do coito instrumental que reduz o órgão masculino a subalterno, que o condena a ser a última das alternativas. Chambon de Montaux o atesta em suas *Maladies des filles*: "Várias mulheres me asseguraram que sentiam uma coceira, um desejo incontrolável aos cinco, seis ou sete anos de idade. Uma delas, a fim de se livrar disso, abraçava-se à coluna de sua cama e ali se esfregava, até se ferir e verter sangue. Não é raro encontrar crianças atormentadas por uma inquietação manifesta nos movimentos do andar, ou agitadas quando sentadas. Porém a dor torna-se volúpia e o hábito da masturbação se estabelece." Com a civilização os instrumentos se diversificam, pois a imaginação é ilimitada. São "corpos estranhos" o que os médicos retiram da prisão vaginal, "partes de estojo, alfinetes, agulhas de bordar, pedaços de palha, legumes, velas, frascos de perfume, rolhas

Elogio da Masturbação

de cristal ou de cortiça, etc.", diz o Dr. Jaf na curiosíssima *Physiologie du vice* (Fisiologia do vício). Mas os homens não ficam atrás, tentando imitar a natureza: "Os jovens viciados que têm algum conhecimento do coito introduzem o pênis em qualquer objeto", continua ele. "Servem-se do colchão ou de travesseiros, os quais têm já um buraco aberto para esse fim; outros usam cavidades naturais que se encontram em certas árvores. Rapazes açougueiros profanam-se no pulmão de bezerro ainda quente e perfurado para essa utilização."

Se tudo isso não for suficiente, existe algo ainda mais insuportável e subversivo, qual seja, a parte invisível desse crime, o caráter não palpável desse ato antinatural — a imaginação —, pois o que diferencia fundamentalmente a masturbação, do coito, é a substituição do parceiro por um fantasma, e o que caracteriza sua prática é a utilização incontrolada e imoderada desse fantasma. A subversão mais insidiosa está no imaginário. "Um coito moderado é útil", diz Tissot, "quando solicitado pela natureza. Quando solicitado pela imaginação, enfraquece todas as faculdades da alma."

A obsessão por esses pensamentos imundos ocupa sem cessar o espírito do demônio, em todos os lugares, em todos os tempos. "Em meio às mais sérias ocupações, até nos atos religiosos, ele é presa de desejos e idéias lascivas que não o abandonam jamais." Ousar pensar em sexo na igreja ou mesmo praticá-lo! Realmente, a imaginação dos perseguidores está à altura do crime que denunciam.

A sentença é cruel, mas o julgamento é infalível: "Não será difícil demonstrar que você experimentou um *falso pra-*

zer." É um especialista que lhes fala agora, Coffin Rosny, exaluno do Hôtel-Dieu, e autor de uma obra muito famosa, *Nature outragée par les écarts de l' imagination* (A natureza ultrajada pelos desatinos da imaginação): "O ser tão infeliz ou tão depravado para se entregar a esse hábito odioso, unicamente entregue a suas meditações imundas, experimenta, nesse caso, os mesmos males que o homem de letras que se fixa numa única questão, e é raro que o excesso não o prejudique."

Rosny retoma uma idéia que Tissot denuncia em *Santé des gens de lettres* — a atividade monomaníaca do escritor, comparável de certa maneira ao onanismo e que se pode chamar, por conseguinte, de *masturbação intelectual*. Este termo ainda não estava em moda, e por isso inventou-se outro, *onanismo mental*, para condenar os desvarios da imaginação: "O que constitui o verdadeiro onanismo mental", precisa o Dr. Bouglé em *Sécurité des sexes* (Segurança dos sexos), de 1909, "é a inervação provocada em certas circunstâncias. Por exemplo: algumas jovens falam de um rapaz que lhes agradou; apostam entre si sobre qual será a primeira a enrubescer ao pensar no referido rapaz. Aposta feita, faz-se longo silêncio. Cada uma mergulha o olhar no vazio, visualizando na mente a imagem do homem. Braços cruzados, pernas esticadas, imóveis. Após dois, três, quatro, cinco minutos, uma delas enrubesce, sente-se molhada, ganhou a palma do nervosismo imaginativo."

O sexo torna-se repreensível porque o equilíbrio físico e moral da sociedade está em jogo. Em 1868, Louis Bergeret inventará um termo para esse fim: ele falará de *enganos no cumprimento das funções geradoras.* Esses "enganos" genesíacos são prejudiciais à sociedade de duas formas complementares: são causa de desmoralização e, sobretudo, de diminuição da taxa de natalidade. "Os males geradores do vício que combato já foram captados por outros olhos. Autores pessimistas, moralistas austeros, viram que os enganos ou fraudes genesíacos *conduziriam nossa sociedade ao abismo*. De boa vontade, lançam o grito do poeta testemunha da decadência de Roma." A ameaça é certa; ela será denunciada cem vezes: "A masturbação mina o corpo social, relaxa ou destrói o laço conjugal, ataca, por conseqüência, a família, base essencial de toda sociedade", brada o Dr. Lallemand no *Traté des pertes séminales* (Tratado das perdas seminais), de 1838, e logo dá este grito de alarme: "Vamos comprometer o progresso, deixar enferrujar as máquinas por causa das ejaculações?"

O fim do mundo está próximo se se permite estabelecer o deboche e o vício. "Essa prática abominável matou mais indivíduos do que as maiores guerras, somadas às epidemias mais devastadoras." É ainda um médico, o Dr. Debourge, quem o afirma, em 1860. Pior que isso, extrapola Tissot, trata-se de um verdadeiro suicídio: "Que me permitam aqui uma pergunta: aqueles que se matam com um tiro de pistola, que se deixam afogar ou que se enforcam, são mais suicidas que esses homens masturbadores?"

Nossa vigilância deve ser permanente, a fim de encurralá-los, vigiá-los, impedi-los. "A saúde de um jovem príncipe definhava dia após dias", confirma Lignac, "sem que se pudesse descobrir a causa. Seu médico suspeitou, espreitou-o e surpreendeu-o em flagrante delito. O vício estava tão arraigado que nada podia demovê-lo. O mal progredia, suas forças diminuíam. Só pôde ser salvo porque foi vigiado dia e noite, durante mais de oito meses." Os sinais que traem os maus hábitos são conhecidos: tédio, tristeza, delírio, fadiga, agitação, insônia, tosse, vômitos, coceira, palidez, emagrecimento... e sobretudo as famosas "olheiras", que, com toda certeza, permitem reconhecer o culpado ansioso de uma noite insone. Em uma palavra, sintomas de tudo e de nada. Sem dúvida, vê-se que ele ou ela são emotivos e que têm um ascendente sobre si. A masturbação constitui assim um cômodo instrumento de culpa e de vingança para gerações de adultos oprimidos por uma moral sexual repressiva.

Como curar-se do sexo?

Entre os remédios para o amor solitário, as virtudes da palavra sempre constituíram um antídoto para a culpa. É a *confissão* tornada necessária pelo flagrante delito. Diante do espectro aterrorizante que empunham em sua direção os médicos da morte, o culpado confessa, desejoso de sobreviver: "Tenho a infelicidade, assim como muitos outros jovens, de me entregar a um hábito pernicioso para o corpo e para a alma", como o faz um jovem a Tissot. "Adquiri muito jovem ainda um hábito horroroso que arruinou minha saúde", confessa um outro. "Tenho consciência", escreve-lhe um terceiro, "de que essa coisa terrível me diminuiu as forças e, sobretudo, a memória." A proibição soa como um trovão: "Aconselho-o a se abster, no futuro, dessa prática infame e a se lembrar da ameaça do Eterno, que exclui *os fracos* do Reino dos Céus (...) Quantos pereceram porque jamais ousaram revelar a causa de seus males!"

Como tudo era propício para condenar, tudo será adequado para curar. A imaginação será fecunda para a cura do pecado da fraqueza. Uma das primeiras armas terapêuticas, a qual certamente irá desencorajar e repelir mais de um, será o espectro da perda, agitado muito conscientemente diante dos olhos dos delinqüentes do sexo. Virão, em seguida, poções, ungüentos, medicamentos, regras higiênicas, e depois aparelhos, armaduras preventivas, sistemas protetores, preservativos, grades. Enfim, grandes meios. E quando nada mais surtir efeito, a cirurgia, a extração, a ablação.

A possibilidade de enriquecer com o tratamento foi quase certamente a causa indireta dessa caça às bruxas, a partir do aviso de Tissot. Bekkers não era médico, e sim um charlatão que publicava anúncios e vendia suas poções. O pretexto do onanismo rendeu-lhe dinheiro, e ele fez fortuna, pois a Europa inteira veio a Londres tratar-se com a "tintura revigorante" ou o "pó prolífico", que se compravam junto com o *Onania* na sua livraria habitual pela importância bastante módica de doze *shillings*!

Diante do tamanho da onda repressiva, os remédios brotam à porfia: calmantes, tranqüilizantes, antitérmicos, antiespasmódicos ou tido como tais. Prescrevem-se narcóticos, hipnóticos e soníferos, que, dopando o corpo, adormecem também o amor. É a *mandrágora*, famosa erva dos enforcados, para tudo o que se refere ao sexo; a *beladona*, bela dama à italiana; a *meimendro*; a *maçã do amor*; também o *ópio*, a *cânfora* e o *nenúfar*. Sem esquecer o *agnocasto*, arbusto "cujo odor combate os pensamentos amorosos e afasta os sonhos lascivos", com o qual se guarnece a cama para preservar a virtude. Em seguida, aplicam-se ventosas sobre a região genital para aplacar o sexo, pretensamente congestionado pelo desejo sexual. Alguns conselhos de higiene são acrescentados a essa farmacopéia heteróclita: tomar banho frio ao menos três vezes ao dia com pó de limagem e um pouco de canela, e sobretudo evitar longos períodos no leito, cama muito fofa, inatividade, ociosidade, calças por demais apertadas, amigos suspeitos e livros licenciosos. Todos remédios de bom senso quando se trata do pecado da fraqueza.

Sendo o século XIX um século tecnológico, a onda masturbatória foi nele motivo de múltiplas invenções e de uma florescente indústria de aparelhos preservativos. O mais conhecido dentre eles foi a atadura antionanismo do Dr. Lafond, que, colada ao corpo, era "infalível", impedindo qualquer contato. O objetivo confesso de tal procedimento era "esconder os órgãos da reprodução embaixo de envelopes que, permitindo a excreção da urina, criasse um obstáculo ao onanismo". Por baixo dessa aparelhagem, um precioso cofre da forma e do tamanho dos órgãos genitais vestia o sexo de ouro ou de prata, colocando-o ao abrigo de qualquer tentação. Um médico inglês preconizou até um cinto de castidade, solidamente fechado com ferrolho para o dia e um anel peniano munido de pontas erectéis para a noite. Essas pontas vigilantes despertariam o homem à menor ereção. Ele teria tempo, então, de se lavar com água fria, até que ela desaparecesse; depois, recolocaria o anel para um fim de noite tranqüilo. Terrível castigo, quando se sabe que as ereções noturnas são naturais, cotidianas e involuntárias.

Porém, só há um remédio, lembra-nos Tissot: "O preservativo mais eficaz, o único infalível: velar com cuidado o rapaz, não deixá-lo sozinho nem de dia nem de noite, dormir, pelo menos, no quarto dele." O Dr. Demeaux procurou uma solução técnica para esse problema cotidiano e registrou a patente de um aparelho muito engenhoso que permitia arrumar dormitórios especiais para adolescentes nos quais a cabeça e os braços dos jovens ficariam separados da parte inferior do corpo por uma sólida divisão de madeira, prevenindo toda veleidade do desejo. Infelizmente, para os defensores do progresso, o projeto ficou no papel.

Enfim, foram a eletroterapia e a cirurgia que deram os melhores resultados. Porque, se não se consegue impedir com facilidade o gesto, pode-se mais seguramente suprimir o objeto. A circuncisão, a castração, a clitoridectomia, a cauterização da região genital a ferro quente ou a eletricidade, ou ainda a secção dos nervos venéreos internos, aqueles exatamente que comandam a sensibilidade genital e a ereção, foram praticados com todo o desconhecimento de causa, embora se soubesse que a castração não abolia o desejo. "Essa parte (o clitóris) pode ser amputada", diz tranqüilamente Lignac, "ou ao menos sua extremidade, o que constitui prática religiosa entre certos povos. Entre nós, em certas circunstâncias, devolveríamos a saúde a um grande número de moças, se pudéssemos minimizar esse sentimento tão forte do clitóris."

O paradoxo desse ímpeto sádico nos é demonstrado pela triste e célebre observação de um médico turco, Demetrius Zambaco, publicada em Paris, na conceituadíssima revista científica *L'Encéphale*, em 1882. Trata-se de uma história quase injustificável do tratamento de duas meninas de oito e dez anos de idade, irmãs, que se entregavam ao onanismo desenfreadamente. Os médicos, agindo sadicamente, surravam-nas, chicoteavam-nas, amarravam-nas, queimavam-nas, sem conseguir domar seus desejos. "O chicote a tornava ainda mais idiotizada, mais falsa, mais perversa, mais malvada. Passou a ser, então, continuamente vigiada, e apesar disso conseguia se satisfazer de mil e uma maneiras. Recorreu-se à camisa-de-força para impedir que essa criança se tocasse continuamente (...) porém o cinto pubiano, a camisa-de-força, as tiras de pano, os obstáculos, a vigilância mais assídua, só lhe eram motivo para inventar novos meios, baseados na malícia e no requinte. Somente a cauterização a ferro quente deu resultados satisfatórios (...). Acreditamos, pois, que em casos semelhantes a esses, submetidos à nossa observação, não se deva hesitar em recorrer, e rapidamente, ao ferro quente, a fim de combater o onanismo clitoriano ou vulvar das meninas."

Incerteza fim-de-século

Estamos no final do século XIX: a cruzada encontra-se no auge, mas já se fazem sentir os germes de um novo pensamento. Aqui e ali, vozes que pensam de outra maneira se fazem ouvir. Ousam falar de sexo sem culpa: Krafft-Ebing, Havelock Ellis e Sigmund Freud, ainda com muita hesitação. Não se pode ignorar facilmente um século de proibições.

Krafft-Ebing, célebre psiquiatra conhecido por sua *Psychopathia sexualis*, que retira a culpa de certas perversões sexuais, também não condena a masturbação, que para ele é, de alguma forma, "o mal original", fonte de todos os males. É de Henry Havelock Ellis, médico inglês, fundador da psicologia sexual e inventor da noção e do termo *auto-erotismo*, o pensamento mais moderno sobre a difícil questão da masturbação, que ele define essencialmente como um fato natural, sem conseqüência patológica: "Vemos, pois, que a masturbação moderada não tem efeito grave nos indivíduos sãos." Enfim, foram Freud e os primeiros psicanalistas que estabeleceram os fundamentos de uma nova moral sexual numa dança de hesitações, que testemunha a persistência dos preconceitos e a continuidade da interdição da masturbação. Freud descreve o auto-erotismo do recém-nascido e expõe sua teoria psicossexual em 1905, nos *Trois essais sur la théorie de la sexualité* (Três ensaios sobre a teoria da sexualidade); porém, está ainda hesitante quanto a uma opinião livre sobre a masturbação. Descreve ele, com precisão, os fantasmas masturbatórios, que, segundo suas palavras, são somente patogênicos, por serem perversos e incestuosos. A um Havelock Ellis naturalista opõe-se um Sigmund Freud psicogeneticista — o fantasma preexiste ao impulso, a masturbação é conseqüência dele. O onanismo tem, assim, efeitos nocivos que se encontram na gênese das neuroses pela fixação infantil nesse comportamento auto-erótico. É essa posição dogmática que o fará imaginar na mulher dois tipos de sexualidade: uma, madura, adulta, desenvolvida e vaginal; outra, infantil, fixada no auto-erotismo e clitoriana.

Esse debate de civilização, que faz ainda hoje a masturbação ser classificada como comportamento infantil — um mal menor —, reflete, entretanto, uma mudança de mentalidade no transcurso de dois séculos e encontra sua demonstração perfeita na famosa controvérsia que animou os fundadores da psicanálise na Sociedade Psicanalítica de Viena, em maio e junho de 1910, em torno da questão dos *efeitos nocivos da masturbação*. Freud, Adler, Rank, Federn e alguns outros tentaram, naquela ocasião, suplantar suas contradições em torno da referida questão. Para uns a masturbação era marca, no homem ou na mulher, de um protesto viril; para outros ela representava um sintoma neurótico, causa talvez de neurastenia. Para Freud a masturbação não era senão a imagem-fantasma do coito. Eles separaram-se sem ter decidido verdadeiramente a natureza da masturbação e sua culpabilidade. Para a grande maioria dos psicanalistas a masturbação é, ainda hoje, um ato, se não culposo, ao menos infantil.

Elogio da Masturbação

Enfim, no início do século XX abre-se uma nova era, ainda com alguns resquícios de culpa e de grandes incertezas, porém já com opiniões mais livres e menos dogmáticas.

IV. A beleza do gesto

> "É uma necessidade, e quando não se é solicitado pela necessidade, é sempre uma coisa agradável."
>
> DENIS DIDEROT, *le Rêve de d' Alembert*

A sedução, o jogo amoroso e a sexualidade estão na linha de frente da inspiração literária, logicamente com a reserva exigida e permitida em cada época. A mesma coisa acontece com a masturbação, com mais pudor ainda, pois se refere a um ato pessoal, de domínio privado, domínio do corporal e do íntimo.

Os grandes períodos de libertinagem começam por nomear a "coisa" sexual, pois cantam o erotismo e a pornografia, descrevem o corpo, descrevem o ato e, enfim, falam de masturbação e de escatologia. Há como um ímpeto para uns, uma regressão para outros, uma liberdade para os últimos, pensando o sexual com os limites que cada qual se autoriza.

Contudo, a literatura é o mais fiel reflexo das consciências interiores e da moral dos tempos, para além das modas, das leis e dos tabus. Nisso ela sempre foi livre em relação à masturbação, e se, em seu curso normal, conheceu um ligeiro desvio no final do século XVII — nos grandes momentos de Tissot —, ela sempre cantou a legitimidade e, em definitivo, a honestidade do ato mais natural e mais necessário à natureza humana.

Os poemas de Safo, os textos da Roma libertina, testemunham, fosse ainda necessário, a função do auto-erotismo no desenvolvimento pessoal, como Martial o enfatizou, divertindo-se com aquela que ele chama de "prostituta da esquerda": "(...) tu te serves de tua prostituta da esquerda, utilizas tua mão amiga para teus prazeres" (IX, 42).

Os séculos XII e XIII, que falavam mais livremente sobre o sexo, deixaram-nos poucas linhas sobre a masturbação, assim como os séculos posteriores, na medida em que ela não era objeto de nenhuma condenação. É mencionada somente em les *Caquets de l'accouchée* (As conversas da parturiente), sátira burlesca publicada em 1457, que faz, como sempre, do ato solitário uma alternativa agradável, porém estéril, do prazer fecundante: "Se eu tivesse pensado que minha filha fosse tão depressa se ocupar desse tipo de trabalho, teria permitido que ela *esfregasse sua parte frontal* até os 24 anos de idade."

A masturbação é ainda um substituto do ato sexual quando ele não pode se realizar, diz Brantôme: "Ele achava que sonhando com ela se corrompia e se profanava." A masturbação também faz parte dos prelúdios do jogo amoroso — momento prazeroso do aumento do desejo.

Elogio da Masturbação

Ambroise Paré recomenda: "O homem deve também manusear as partes genitais e os mamilos da mulher, a fim de que ela fique excitada e palpitante a ponto de ser tomada pelo desejo do macho (...)"

Nesse clima livre, freqüentemente erótico, às vezes libertino, a inconseqüência dos propósitos não permite, de forma alguma, imaginar a tempestade que se prepara. É o *Cabinet satyrique* (Gabinete satírico), essa curiosa coletânea, que fornece a palavra certa a quem deseja escutá-la e não lamenta seus argumentos. Também as numerosas narrativas eróticas e provocadoras, pondo em cena o sexo e a religião, como esta passagem de *La Religieuse en Chemise* (A religiosa de camisola), por vezes denominada *Vénus dans le cloître* (Vênus no claustro), e publicada anonimamente em Colônia, em 1719, diálogo iniciático entre duas religiosas, Agnès e Angélique, que discutem as virtudes do prazer solitário, que, na época, era chamado por todos de "a guerra dos cinco contra um", dos cinco dedos e do sexo: "Os cartuxos, como a reclusão lhes é estritamente imposta, buscam em si próprios o prazer que não podem desfrutar com outra pessoa, e, por meio de uma guerra viva e animada, vivem cercados das mais rudes tentações da carne. Travam combate, mas o inimigo resiste a eles; usam de todo o seu vigor e chamam esses expedientes de guerra dos cinco contra um."

Era demasiado. Então, eis que surge Tissot e seus preceitos liberticidas, que marcarão um período de atraso em relação ao pensamento mais livre de um Rousseau, de um Diderot: um se retrata, o outro dissimula, os dois estão mancomunados com a moral assassina. Estamos na hora de uma revolução sexual, mas não é conveniente dizer em voz alta o que muitos pensam baixinho.

O testemunho mais surpreendente é o de Jean-Jacques, cuja confissão culposa, hesitante e quase envergonhada, contrasta com a sinceridade minuciosa de suas outras confissões.

Até onde considerar a extensão do registro da intimidade, quando a confissão relativa à masturbação é, como na maioria das vezes, velada, alusiva, feita de meias palavras, como em Gide, Proust, Green, ou quando é provocadora e explosiva, como em Sade e Genet? É ainda necessário ressaltar que existem poucas confissões sobre essa prática solitária em relação aos numerosos textos eróticos de caráter autobiográfico ou ficcional que falam abertamente sobre ela.

No que concerne a Rousseau, acredito racionalmente que se possa atribuir sua "falsa confissão" ao clima repressivo de que ele é um dos sintomas e, de certa maneira, um dos precursores, de tal modo está próximo de Tissot pela cultura e pela amizade. Os dois nascem na mesma época, com dez anos de diferença, às margens do lago Léman — um em Genebra, o outro em Lausanne; os dois foram educados no seio da burguesia calvinista por pastores hostis à sexualidade; os dois foram alimentados com a aversão ao sexo e descobrem na adolescência o *Onania*, de Bekkers, que inspirará la *Masturbation*, de Tissot, e o *Émile*, de Rousseau. Antes mesmo de ler e encontrar o "bom médico" de Lausanne, Jean-Jacques coloca-se contra o vício em *Émile*: "Se ele tomar conhecimento, uma única vez, desse *perigoso suplemento*, estará perdido. Depois disso, terá sempre o corpo e o coração agitados, levará até o túmulo os tristes efei-

Elogio da Masturbação

tos desse hábito, o mais funesto a que um rapaz possa estar sujeito (...) Se os furores de um temperamento ardente se tornam invencíveis, meu caro Emílio, tenho pena de ti."
Émile foi queimado em praça pública em Paris, em 1762. Condenado pela Corte de Paris, Rousseau refugiou-se em Genebra, onde encontrou Tissot, em julho do mesmo ano. A admiração foi curiosamente recíproca. Lembremo-nos do "Muito contrariado por não ter conhecido mais cedo o tratado *De la masturbation*...", de Jean-Jacques, e do "Nada tenho a condenar em sua obra...", de Tissot, que não estava de acordo com todas as idéias de *Émile*.

Entretanto, sabe-se não somente da inibição sexual de Rousseau, que será sempre casto com aquela que ele chama de "Mamãe", mas também de sua prática solitária, regular e prolongada, talvez relacionada aos episódios de exibicionismo, de fetichismo e de submissão masoquista. Alguns anos depois, em 1766, Jean-Jacques põe mãos à obra a suas *Confessions* e toma conhecimento, evidentemente, da opinião pública e da de seu amigo, o bom Dr. Tissot: "Não é o que é criminoso que custa dizer, mas sim o que é ridículo e vergonhoso" (livro I). E ele confessa seu crime: "Voltei da Itália não exatamente como saí, mas como talvez jamais, em minha idade, de lá voltasse. Lá não deixei minha virgindade, mas minha pureza" (livro III). A distinção é sutil, a masturbação é sugerida em filigrana: "Meu temperamento inquieto enfim se declarou; e sua primeira erupção, bastante involuntária, deu seus alarmes em minha saúde, varrendo, mais do que qualquer outra coisa, a inocência em que eu vivera até então" (*op. cit.*). Rousseau aí se confessa verdadeiramente; condena e faz, de certo modo, um ato de contrição capaz de levantar suspeita em relação a ele. Retoma o termo que lhe é próprio, esse *perigoso suplemento*, com o qual já acusara Emílio: "Prontamente seguro, aprendi esse *perigoso suplemento* que engana a natureza e poupa os jovens de temperamento igual ao meu de muitas desordens em detrimento de sua saúde, de seu vigor e, algumas vezes, de sua vida. Esse vício que a vergonha e a timidez acham tão cômodo, tem a mais um grande atrativo para as imaginações fortes (...). Seduzido por essa *funesta vantagem*, eu contribuía para destruir a boa constituição que a natureza me dera (...)" (*op. cit.*). Esse *vício*, essa *vergonha*, essa *funesta vantagem*, esse *perigoso suplemento,* são álibis hipócritas de um Rousseau, amigo de Tissot e grande masturbador, certamente muito sincero em todas as suas confissões... exceto em uma.

Três anos mais tarde, em 1769, Denis Diderot, autor de *Pensées philosophiques* (Pensamentos filosóficos), também queimados, deixava a prisão em Vincennes, após três meses de reclusão por delito de opinião, por causa de sua *Lettre sur les aveugles* (Carta sobre os cegos). Inclinado à prudência, assim mesmo escreve um belíssimo texto polêmico — *Le Rêve de d' Alembert* (O sonho de d' Alembert) — que coloca em cena Julie de Lespinasse, mulher inteligente, amante e grande amor de seu amigo d'Alembert. O livro desagradou-lhe tremendamente. Pediu a Diderot que queimasse o manuscrito, o que foi feito. Alguns anos depois da morte da pérfida Julie, d'Alembert, de quem ela fez o executor de seu testamento, descobre que Julie não o amava. Então, miraculosamente surge uma cópia do *Rêve*, que será publicada em 1782. Nesta extensa passagem, e pela voz de

Elogio da Masturbação

Bordeu, Diderot expressa sua opinião sobre a masturbação, contra a voz unânime da medicina e do clero:

"Bordeu — E os atos solitários?
Srta. de Lespinasse — Então?
Bordeu — Pois bem, eles proporcionam, pelo menos, prazer ao indivíduo, e nosso princípio é falso, ou...
Srta. de Lespinasse — O quê, doutor?!...
Bordeu — Sim, senhorita, (...) é uma necessidade e, quando não se é solicitado pela necessidade, é sempre uma coisa agradável. Quero que as pessoas se sintam bem, quero realmente, entende? (...) Então, por não poder patentear minha ação com o selo da utilidade, privar-me-ei de um instante necessário e delicioso! Prescrevam-se sangrias abundantes. Que importa a natureza do humor excessivo, de sua cor e da maneira pela qual ele se esvai? (...) A natureza não sofre danos. Então, como serei culpado de ajudá-la, quando ela pede meu concurso por sintomas os menos equívocos? Não a provoquemos jamais, mas estendamos-lhes a mão na ocasião. Vejo na recusa e na ociosidade burrice e prazer desperdiçado."

O contraste é evidente entre o *perigoso suplemento* de Rousseau e *essa coisa gostosa e agradável* de que fala Diderot, que se nos apresenta como um vibrante defensor dos impulsos naturais e anuncia aqui o primeiro discurso livre sobre a masturbação. Ele confessará a seguinte lembrança da infância: "Os pajens de meu pai ensinaram-me algumas *gentilezas de colégio*."

É preciso não esquecer que, no final do século XVIII, uma literatura leve, erótica, às vezes pornográfica, fala também de maneira bastante livre da masturbação. Mercier de Compiègne nos lembra que "é a única maneira de ser comportado no convento, pois não se pode ser sem se *clitorisar* ou *manusear*". E Sade, cuja longa vida carcerária elevou o ato solitário a culto e necessidade, fez dele, verdadeiramente, uma arte de viver. A obsessão do prazer ocupará os dias e as noites de trinta anos de reclusão, de trinta anos de masturbação que se tornam de modo obsessivo em sua obra como um modelo do prazer supremo. É certamente em sua primeira obra, *Les Cent Vingt Journées de Sodome* (Os cento e vinte dias de Sodoma), que essa obsessão é mais minuciosamente descrita: "Ele se mexia, observava, embebedava-se de volúpia, e o excesso do prazer, no fim, transportava-o totalmente para fora de si mesmo; seus gritos, seus suspiros, seus toques, tudo me convence de que ele atinge o último estágio do prazer. E tenho certeza disso, ao virar a cabeça e ver seu guindaste em miniatura verter algumas gotas de esperma no mesmo vaso que eu acabara de encher." Se Montaigne foi o criador da palavra *masturbação*, o divino marquês foi o criador dos substantivos que designam seus usuários: *masturbador, masturbadora*, palavras que, até então, não se sentia necessidade de utilizar.

O século XIX nos traz o primeiro argumento popular, álibi da masturbação: a continência ativa nos conventos e prisões. É preciso não esquecer que, nesse caso, se é prisioneiro de si mesmo: "Eu chamo ainda de amor (...) Suas células infames / Abafam sem piedade minha ardente oração; / E profano meu corpo, lembrando-me das mulheres." *La Prison cellulaire* (A prisão celular). A literatura popular, canto anônimo da consciência pública, faz as vezes de

Elogio da Masturbação

contrapoder no momento mais forte da repressão: "Dos meus cinco dedos faço uma virgem: / masturbamo-nos, é o prazer dos deuses!" "Mais de uma vez minha mão embaixo da tua saia / Enquanto a outra tira o lenço do teu pescoço / Acaricio e esfrego teu monte." No *Parnasse satyrique* (Parnaso satírico), antologia erótica do século XIX, organizada por Poulet-Malassis, lê-se: "Para as supurações e os cautérios / (Deus) fez as ervilhas / E para os perus solitários / Ele fez os dedos."

Essa continha dos cinco dedos foi usada por Béranger, cantor muito famoso que, no auge da glória, não hesitava em confessar: "Para se satisfazer com seu sexo / você encurralou o outro? / Por pouco sua mão me persegue / Para você, utiliza meus dedos." Outro humorista famoso, Tisserand, debocha da repressão, confessando: "Eis que fico duro... Ah! não, não tenha medo... Nunca tive esse defeito... E depois... isso causa olheiras!"

Há ainda os que se servem de uma prosa menos moralista, a da licença pornográfica, no momento em que florescem e se organizam na Europa os bordéis: "Isso me perturba, / Isso dá coceira, / Isso faz inchar meu chouriço", confessa L. L., um dos numerosos anônimos que aquele século produziu. Não esqueçamos o irreverente *Dialogue du con et du cul* (Diálogo da xoxota e do cu): "Tudo é fantasia ou capricho / No bizarro gênero humano / Ele pode foder a xoxota, o cu ou as coxas / até mesmo a mão." Mais adiante: "A volúpia me invade de repente / Meu peru sapateia na gaiola; / Para acalmá-lo, só tenho minha mão." E ainda esta *Ode à la Masturbation* (Ode à masturbação): "O que quero cantar é o amor solitário / O amor que se faz sozinho, sem colaboração / O amor independente, a masturbação." Enfim, Mililot, um dos grandes autores populares, não se esquece das mulheres: "Como fazem para passar sem homem? Quando o desejo as invade e toma seu corpo, elas, com o sexo em chamas, não têm saída senão esfregá-lo." Pode-se terminar este resumo de facetas libertinas pela *Masturbomanie* (Masturbomania), coletânea anônima e licenciosa presumivelmente publicada em 1830, "em Branlefort, Paignet, rue du Bras", que já nos mostra em algumas linhas do prefácio todo o caráter da obra: "Eu canto o incomparável prazer de Onã, o mais independente, o mais filosófico de todos os prazeres no homem; ele é inspirador, aviva a inspiração em vez de apagá-la." Seus versos sobre a masturbação cantam Diógenes e Sócrates, Rousseau e Mirabeau, porém nada verdadeiramente imperecível.

Entre o impulso sexual e o impulso de escrever, o homem de letras já fez sua opção, e essa orientação da personalidade marca profundamente sua obra. Nesse elogio da privacidade, os revolucionários clamam por sua liberdade e ousam confessar a masturbação: Baudelaire, Gautier, Maupassant; outros, castos e tímidos, que não ousam escandalizar, cultivam religiosamente a abstinência: Green; outros se tornam adeptos convictos do ato solitário como um susbstituto: Rousseau, Sade; outros, enfim, ousam buscar outro homem — Genet, Jouhandeau — para ter a ilusão de não estarem sozinhos. Poder-se-á dizer o mesmo das mulheres de letras, entre as quais a masturbação, jamais confessada, é, certa e felizmente, bem mais freqüente do que se imagina, pois lhes dá grande liberdade de dispor de si mesmas.

Elogio da Masturbação

Como a escrita, a masturbação é, antes de tudo, uma atividade solitária, um prazer individual, uma garantia de autonomia; por isso, entra como substituto, como rival, como complemento —*suplemento*, dirá Rousseau— do ofício de escrever.

"Jamais ninguém é tão bem manuseado como por si mesmo", confirma Nerval na beleza de seu delírio, logo desenganado por Baudelaire, cuja ninfa quente e tenebrosa lhe parece convir tão maravilhosamente — "Ah! os mais fortes filtros / Não valem tua preguiça / E tu conheces a carícia / Que faz reviver os mortos" — como as mulheres sáficas das *Flores do mal*: "Lesbos, terra de noites quentes e langorosas, / Que fazem de seus espelhos, estéril volúpia! / As moças de olhos fundos, de seus corpos amorosas, / acariciam os frutos maduros de sua nubilidade." Apollinaire não se importará de fazer o Príncipe de *Les onze mille verges* (Onze mil pênis) regozijar-se com Alexine e Culculine: "pôs-se a bolinar cada uma com uma das mãos, enquanto elas lhe faziam cócegas", e no Expresso do Oriente, "esticando-se como um cossaco", ao balanço do trem, deixar-se "aliviar" manualmente por seu camareiro: "Os dedos de Cornaboeux desabotoaram delicadamente a calça do príncipe. Pegaram o membro em delírio, justificando sob todos os aspectos o famoso dístico de Alphonse Allais: 'A trepidação excitante dos trens. / Provoca-nos desejos no âmago dos rins.'"

A masturbação aparece ainda em tramas autobiográficas de numerosas narrativas de ficção, que são, ao mesmo tempo, declarações, confissões, profissões de fé, confidências tardias de uma emoção da infância, do prazer de sempre. *Sébastien Roch* e suas recaídas solitárias entre os jesuítas não é uma reprodução de Octave Mirbeau? "Entregue a si mesmo, a maior parte do tempo sentado ou deitado em seu leito, o corpo inativo, ele se defendia mal das tentações, que voltavam cada vez mais numerosas, mais precisas cada dia, da loucura desencadeada das imagens impuras que o assaltavam, inflamando-lhe o cérebro, chicoteando-lhe a carne, levando-o a vergonhosas recaídas, seguidas, imediatamente, de desgosto, de prostrações, quando sua alma perecia como na morte."

O herói de l'Apprenti (O aprendiz) por certo é o próprio Raymond Guérin, quando se questiona em seu estilo telegráfico: "Talvez homens e mulheres sintam mais prazer sozinhos do que a dois. Por que não têm coragem de expressar sua opinião, tanto uns quanto os outros?", e quando confessa: "Masturbar-se não era muito original (...). Ele tinha a impressão de que, se o revelasse, o achariam repugnante (...). Tudo o que podia fazer era lutar contra essa tendência solitária. Mas por quê? Em nome de quê? Da religião? Do medo de ser condenado? Não acreditava mais nisso. Até mesmo quando chegou a acreditar um pouco, por volta dos 15 ou 16 anos, isso não o deteve. Ao contrário, só fez aumentar seus desejos. E então? A moral? Não, ele não se privaria de um prazer que ultrapassava todos os outros." Guérin levanta questões íntimas que normalmente a pessoa formula somente de si para si, como a da equivalência do "suplemento", a da impossibilidade da confissão e a da repressão. Por que — pergunta ele — recusar esse prazer, que ultrapassa todos os outros? E se todos os homens e mulheres sentem mais prazer sozinhos do que a dois, o silêncio e a proibição teriam, então, o mérito ou a função de calar essa declaração subversiva. Eis novos argumentos para oferecer aos cen-

Elogio da Masturbação

sores: evitem as confidências, impeçam a revelação desse prazer subversivo, por medo de contágio!

A masturbação é expressa pela gíria, por palavras de baixo calão em Céline, Boudard, Le Breton, e, na literatura americana, em Roth ou Bukowski. Em *L' Hôpital* (O hospital), de Alphonse Boudard, que tem, muito apropriadamente, o subtítulo *hostobiografisa*, um dos internos, Michel Félonian, que não consegue refrear "seu deplorável hábito", "pega de novo sua haste... alisa-a... não se trata de uma simples e fortuita mexidinha, ele estrangula o Popol noites inteiras, Félonian". Boudard se *hostobiografisa* e fala, certamente, de si mesmo, à guisa de defesa, lançando ao leitor: "Aquele que nunca poliu o chinês lança-lhe o primeiro escarro."

A gíria parisiense assume toda sua dimensão sob a pena de Auguste Le Breton, repetindo as narrações banais sobre masturbação, porém numa língua quase estrangeira: "Olhando a criança Camarão e seus quadradinhos escuros, eu imaginava que ela tinha ainda que tirar do bandolim todo o sorgo." E mais adiante: "Mal ela se apagava, ele fazia uma *pogne* representando-a como *loilpuche*." A língua é curta, concisa, porém eficaz, como se todas essas palavras inexistentes no registro usual tomassem sentido simplesmente pelo contexto e pelo poder de evocação de suas imagens.

Charles Bukowski pertence a outro gênero, e suas *Mémories d' un vieux dégueulasse* (Memórias de um velho asqueroso) aparecem como testemunho de uma libertinagem contemporânea livre dos tabus sexuais, o que alguns chamam de fantasia e outros de perversão: "Harry foi até o telefone e descobriu que desaparafusando a rodela do fone nele podia colocar o pênis; fez o pênis ir e vir lá dentro e constatou que era bom, muito bom; depois que consumou o ato, recolocou o fone no gancho, fechou a braguilha e sentou-se em frente a Jack..." O sexo é um produto de consumo corrente.

Philip Roth é direto e obsceno em *Complexo de Portnoy*, confessando o crime de masturbação alimentar recidivo com a ajuda de um "soberbo pedaço violáceo de fígado cru" que sua mãe deixara na geladeira. "Meu primeiro pedaço, eu o recheei na intimidade de minha casa, enrolando-o em volta do pênis no banheiro às três e trinta da tarde." O crime confesso foi a pior ação por ele cometida: "Gozei no jantar de minha própria família." Essa confissão provocadora pode parecer uma reação ao ativismo puritano, sempre muito influente nos Estados Unidos.

O amor masturbatório feminino, solitário ou sáfico, encontrou sua expressão literária recentemente, com mais dificuldades do que do lado masculino, e notadamente com certa reticência da parte dos editores. As carícias mútuas em *Thérèse et Isabelle*, de Violette Leduc, cujo editor pediu a supressão em 1964, mas que serão publicadas dois anos depois, testemunham a evolução dos costumes: "O vaivém não era servidão, mas vaivém de beatitude. Eu me perdia no dedo de Isabelle, assim como ela se perdia no meu. O que sonhou nosso dedo consciencioso... Que união de movimentos! Nuvens nos ajudaram. Estávamos inundadas de luz." Os termos do amor são de outra conotação, a escrita de uma mulher; nada de braguilha nem de esperma; o gesto aqui é aroma de beatitude, movimento, nuvem, luz. A masturbação feminina é outro planeta, inacessível aos ho-

Elogio da Masturbação

mens, e que se abre para um mundo de deleites. Com o título provocador — *Porcos com asas* — Rocco e Antonia deixam também um testemunho: "E ela me disse que se podia fazer o que se faz quando se está sozinho. Ela começou a se masturbar, a mão apoiada sobre seu púbis e o dedo esticado pronto para ser introduzido lá dentro. Então, eu também me deitei de frente, e fiz a mesma coisa. Ela abriu os olhos, virou um pouco a cabeça e, sempre se acariciando, me olhou. Eu parei, envergonhado, e ri, mas teria chorado de tanto embaraço..."

A vergonha, chamada pudor quando se fala de sexo, é um subproduto da timidez cuja função é certamente a de preservar a audácia da sedução, mas que inibe tão fortemente os impulsos sexuais que esgota o desejo. A liberação dos costumes nada mais é do que a ausência do sentimento de vergonha com o parceiro escolhido ou consigo mesmo.

Uma prosa erótica, descritiva e comercial, para uso dos enfermos do imaginário ou dos masturbadores literários, veio a lume recentemente. Um de seus carros chefes é Emmanuelle Arsan, autora, ao que tudo indica, autobiográfica, pelo menos quanto ao fantasma de *Emmanuelle*, que passa a nada se proibir, permitindo assim às mulheres viver por seu intermédio o que elas próprias não se autorizam: "Emmanuelle tremeu toda. Suas pernas se afastaram, e ela levantou ligeiramente o púbis, oferecendo-se com um movimento de encanto tão inimitável que os lábios de seu sexo se entreabriram como para um beijo de criança. Curvou-se, gritou gemendo durante muitos minutos. As mãos continuaram seu ofício nos bicos sensíveis de seu peito, até que o orgasmo diminuiu, terminou, deixando-a inerte e mole."

Totalmente diferente é uma grande literatura que estampa apenas a realidade; alusiva, sugestiva, impressionista, seu procedimento no imaginário se dá por toques; é a escrita do desejo, o verdadeiro erotismo. São os quadros de *Nana*, de Zola, onde nada é dito, mas tudo é dito: "Nana estava absorvida em seu deslumbramento por si mesma (...). Um arrepio de ternura parecia ter passado por seus membros. De olhos molhados, ela se fazia pequena para melhor se sentir. Depois, descruzou as mãos e as foi deslizando ao longo do corpo, até os rins, que ela esmagou com uma pressão nervosa. E empertigada, fundindo numa só carícia todo o corpo, roçava as faces à direita e à esquerda, contra os ombros, com meiguice. Sua boca gulosa soprara sobre ela o desejo. Esticou os lábios e se beijou longamente perto da axila, rindo para a outra Nana, que também se beijava no espelho."

Este jogo do duplo é o reflexo vivo da masturbação, elogio do narcisismo, cultura do prazer solitário, homossexualidade natural na imagem no espelho, que devolve o outro, idêntico àquele que é o único que pode compreender: "Por que me tornei lésbica, ó Bilitis, tu perguntas? (...) Tu és mulher, sabes bem o que sinto. Tu te apossas de ti mesma." Nesse longo canto do desejo anônimo, *les Chansons de Bilitis* (As canções de Bilitis), o grande libertino Pierre Louÿs denuncia a diferença dos sexos, enfatizando a inclinação de cada um para reencontrar um outro, em si mesmo. Compreende-se melhor, então, a importância fundamental do auto-erotismo na sexualidade, pois *sexualidade* significa dizer sempre *dois*. "Como és bonita, os braços no ar, os rins arqueados e os seios vermelhos (...) Teu corpo dobra-se como uma estola, acaricias tua pele, que se arrepia, e a volúpia

Elogio da Masturbação

inunda teus olhos longínquos e perdidos (...) Ondulas quase estendida ao ritmo de tuas lembranças."

Sob a pena de Louÿs, desenha-se a meus olhos uma tela de Ticiano, vejo-a na Galerie des Offices: é a *Vênus de Urbin*, acariciando seu corpo e fremindo de desejo, a mão posta sobre o sexo, curvada, côncava, e a penetrá-lo — *pudendum mulieri*, diriam nossos antepassados; flagrante delito, acrescentaria eu. É surpreendente notar como um dos nus deitados de Modigliani lhe é semelhante: idêntica atitude, idêntica cama lasciva, idêntica moldura dos cabelos, que caem sobre o mesmo ombro, idêntico movimento do braço sobre o ventre e da mão sobre o sexo, ainda mais sugestivo; pois em sua época nada mais há para esconder. A única diferença reside no rosto: redondo em Ticiano; alongado em Modigliani. Sem dúvida, uma réplica alusiva que atesta, necessidade houvesse, a continuidade da *beleza do gesto*.

A confissão da masturbação é um exercício de alto vôo que poucos ousaram, e sempre de maneira sumária, alusão velada, lembrança carregada de culpa, raramente em voz clara e forte, senão provocadora, para os adeptos de Onã, que elevaram o onanismo a uma arte de viver próxima do culto de si mesmo. Apesar de sua profissão de fé: "Eu me reservei o direito de ousar dizer tudo o que ouso fazer, até mesmo os pensamentos impublicáveis...", Montaigne, o precursor, nada revelou. Rousseau, grande masturbador diante do Eterno, jurou aos grandes deuses dizer toda a verdade, mas, timidamente, só trouxe à luz algumas referências. Em seguida lembremo-nos de Diderot, Sade, Nerval, que foram mais honestos, embora não seja fácil revelar a parte mais íntima de seu ser.

"Sei, por fim, o erro que cometi ao contar tudo isto e o que vai gerar", confessa Gide. "Pressinto a onda que poderá vir contra mim. Porém minha prosa não tem outra razão de ser senão contar a verdade. Digamos que é por penitência que escrevo." O gênero "confissões" tem um limite? "As cenas verdadeiras", prossegue Louÿs, "são mais difíceis de contar do que as de ficção, porque a lógica da vida é menos clara do que a do conto." Antes de mais nada, a verdade encontra-se na infância, e todas as nossas testemunhas revelam sua primeira experiência: "A porta se abre", confessa humildemente Aragon em le *Paysan de Paris* (O camponês de Paris), "e, vestida somente com seus braços, aquela que eu escolhi avança, dengosa (...). Que as pessoas felizes me atirem a primeira pedra; elas não têm necessidade desta atmosfera em que me reencontro mais jovem em meio às perturbações que, sem cessar, despovoaram minha existência, com a lembrança dos *hábitos antigos*, cujos rastos e vestígios estão ainda muito nítidos em meu coração." Um acontecimento da vida só é profundamente marcante se faz lembrar outro, que não se pode esquecer. A primeira mulher, para Aragon, lembra os primeiros hábitos e seu odor de culpa, que não permitem o esquecimento, assim como as primeiras ereções em Leiris recordam sensações doentias que deviam ser tratadas. Ele as evoca em *l'Âge d'homme* (A idade do homem): "Sou incapaz de distinguir de minhas primeiras ereções esta turgescência doentia e creio que, de início, a ereção me dava medo, porque a entendia como uma volta agressiva da doença. É certo que meu mal não acontecia sem me proporcionar algum prazer, por causa da minha hipersensibilidade; porém eu sabia que se tratava de algo ruim e anormal, pois tratavam dele."

Elogio da Masturbação

Dor, prazer, vergonha e culpa fundem-se com freqüência nas primeiras experiências de sexualidade, para em seguida macular o curso de toda uma vida. Esse primeiro encontro fica assim marcado com o selo do prazer e também de um profundo trauma. Em sua admirável *Autobiographie*, Julien Green descreve sua inocência, quando, deitado às sete horas, a porta do quarto aberta, sua mãe o vigiava, "tendo a certas faltas um horror que só encontrei nela (...). Eu era a própria inocência, e assim me mantive durante muito tempo; mas, deitado de costas em minha cama, eu sentia prazer em explorar com a mão este corpo de que tinha apenas consciência como de uma parte de mim mesmo. Que idade eu tinha? Talvez cinco anos."

Ora, uma noite sua irmã Maria, encarregada de vigiá-lo, surpreende-o — "por que me esconderia, se não me sentia culpado?" —, com um gesto tira a coberta e chama a mãe. Ele aparece tal qual se encontrava, "as mãos na região proibida". "*I'll cut it off*", gritou sua mãe, brandindo na mão uma faca de pão. Só muito mais tarde, com a restituição da lembrança do momento e compreendendo, então, o inglês, Green passou a entender o que se passara, sintoma tardio da perseguição secular. Essa lembrança do proibido e do castigo supremo estará presente em cada página de seu *Diário*, como um *leitmotiv* de castidade: "Meu Deus, que cruz estranha esta, a da carne!", com seu jogo constante entre impulso e contra-reação: "Quero recomeçar a ler a Bíblia todas as noites, como outrora, mesmo que essa leitura me sirva somente como débil socorro contra as tentações" (6 de outubro de 1928). "Há pensamentos carnais que dão vertigem" (29 de janeiro de 1929).

A confissão é feita, num rápido traço de pena, na primeira página de *Si le grain ne meurt* (Se o grão não morre). Gide, ainda criança, brinca com o filho de sua empregada embaixo da grande mesa da sala de jantar: "O que vocês estão fazendo aí embaixo?", pergunta-lhes a mulher. "Nada, estamos brincando", respondem os dois meninos em coro. "E mostrávamos ruidosamente alguns brinquedos que trouxéramos como dissimulação. Na verdade, nós nos divertíamos de outra maneira: um ao lado do outro, não um com o outro, praticávamos o que mais tarde vim a saber que chamavam de 'maus hábitos'."

Também Proust é parco em detalhes em sua obra publicada, mas fala sobre masturbação mais abertamente em sua correspondência de juventude: "Meu querido avozinho, venho pedir-lhe a gentileza de me enviar a importância de 13 francos, que eu gostaria de pedir ao Sr. Nathan, mas mamãe prefere que peça ao senhor. Eis o porquê: necessito visitar uma mulher para terminar com os maus hábitos da masturbação..." (18 de maio de 1888). Dedicar-se-á à masturbação com assiduidade. Encontram-se referências a isso logo nas primeiras páginas de *Du côté de chez Swann* (Do lado da casa de Swann) "Eu subia soluçando para o alto da casa ao lado da sala de estudos, sob o telhado, uma pequena peça cheirando a lírio (...) Destinada a uso mais especial e mais vulgar, esse cômodo, de onde se via, durante o dia, até a torre de Roussainville-le-Pin, serviu-me muito tempo de refúgio, sem dúvida, porque era o único lugar que me foi permitido trancar-me a chave, dedicar-me a todas aquelas ocupações que exigiam solidão inviolável: leitura, devaneio, lágrimas e volúpia." O sexo e a escrita misturam-se nesse

Elogio da Masturbação

retiro do mundo que reclama intimidade, longe até de uma mãe atenta e do espectro paterno, retiro onde o pequeno Marcel tem acesso a um mundo só seu.

Para Maurice Sachs o sexo é belo, livre, desabrochante. Nenhum censor perto dele, nenhum perseguidor; a primeira emoção do *Sabbat* é registrada como a primeira felicidade: "Foi no colégio de Luza, onde me puseram interno, que comecei a me desinibir. Eu tinha o hábito de guardar, antes de me deitar, uma carteira de gamo, que era a menina de meus olhos. Não sei exatamente como comecei a esfregar meu corpo com ela; pouco a pouco, a carteira foi deslizando e ficou entre minhas coxas. Continuei a roçá-la, e logo uma dor forte fez com que meu corpo inteiro se contraísse; uma leve espuma umedeceu o lençol, e o corpo gozou, estupefato e enternecido, distendendo-se, de repente. O primeiro prazer sexual merece ficar eternamente em nossa memória, pois, sendo inesperado e inocente, é a promessa da perpetuidade humana e de suas mais loucas extravagâncias." Freud divertir-se-á com todos estes símbolos — o sexo e o dinheiro, fazer amor com uma carteira achada, "eu não sei como", "entre minhas coxas"! Sachs confessa humildemente que é o que de mais estimado ele possui. Sua carteira proporcionou-lhe o primeiro prazer. Há felicidade e profunda autenticidade nessa revelação de juventude, que soa como uma recordação maravilhosa, contrastando com o sexo cheio de culpa de Rousseau ou o tormento da castidade em Green. Maurice Sachs continua e enfatiza, relembrando-se de seus "prazeres de verão", aos 13 anos de idade, quando, querendo unir-se à natureza, fazia com freqüência amor com a terra, "sozinho, os braços em cruz, o sexo profundamente enterrado na frescura da terra compacta, esplendidamente perdido". O amor consigo mesmo não é uma profanação imunda como se pretende afirmar; é, com toda certeza, um suntuoso encontro interior, que não exclui em nada as outras manifestações da sexualidade, proporcionando-lhes, em contrapartida, uma liberdade inacessível. Leiris confirma essa comunhão de si mesmo com o cosmo nesta passagem de *Aurora*: "Eu estreitava o solo com os dois braços abertos em cruz, e era, na verdade, o mundo inteiro, com seu cortejo de leis e de pontos cardeais, que eu possuía naquele momento (...)"

Cito agora *Moravagine* como testemunho pessoal e íntimo de Blaise Cendrars, quando quis revelar como havia escrito essa ficção rocambolesca. Como Sade ou Genet, Moravagine-Cendrars passa anos no fundo de uma cela, um buraco nauseabundo, primeiramente em Presbourg, depois, na mesma cela do Máscara de Ferro: "Eu me acariciava até sair sangue", confessa ele, "pensando em morrer de esgotamento. Depois, isso se tornou um hábito, uma mania, um exercício, um jogo, uma espécie de higiene, um alívio. Fazia várias vezes por dia, maquinalmente, sem pensar, indiferente, frio. E isso me dava resistência. Agora, eu estava mais sólido, mais robusto. Tinha apetite. Começava a engordar." Sem querer desagradar aos censores, sempre vigilantes, nem correr o risco de fazer Tissot levantar-se do túmulo, a masturbação possui muitas virtudes, parece nos dizer Cendrars; ela é um fortificante poderoso, um banho de juventude, é garantia de vida e saúde.

Michel Tournier, que se confessa abertamente em *les Météores* (Os meteoros), sob o título *Da masturbação*, colo-

Elogio da Masturbação

ca sem dificuldade esta questão no campo que é o seu: o imaginário. "O cérebro fornece ao sexo um objeto imaginário. Esse objeto, ele incumbe a mão de encarná-lo." A mão é, assim, o parceiro ideal; como se diria de um ator, ela representa com perfeição o papel que lhe determinaram. A mão, diz ele, é uma máquina de calcular para os primitivos; um alfabeto para os surdos-mudos, "mas sua obra-prima é a masturbação. Nisso ela se faz, à vontade, pênis ou vagina". Como não notar que essa parte, o sexo, se cinge ao toque da mão, que está a seu alcance, à sua dimensão, como um instrumento para um bom artesão? Parece que foi feita para isso. Henry Miller, o sulfuroso, que não chega perto de uma tal revelação, confessa seu crime em *Sexus*, de 1949: "Todas as noites eu me esticava como um pau no sebo. Chegava ao absurdo de recorrer a artifícios (...) uma vez — uma só, porque isso fazia mal à beça." Para ele, a masturbação era o melhor procedimento para substituir o desejo insatisfeito.

Numerosos são ainda os testemunhos sobre a importância, o interesse e a atração que exerce a masturbação; de certa maneira, testemunhas de defesa, após um longo requisitório do promotor público. Entre elas, não deixarei de mencionar as "belas palavras" de Guillaume Fabert em seu *Autoportrait en érection* (Auto-retrato em ereção), pois a defende com sinceridade e sentimos a verdade brotando de seu íntimo. Não está ao alcance de qualquer um fazer abertamente tais revelações. Fabert encontra o tom certo e livre dos pioneiros do inacessível: "Há mais de trinta anos eu me masturbo, com constância, várias vezes por semana, e não sinto nem mal-estar físico nem perturbações morais." A masturbação possui muitas qualidades, defende ele; ela distensiona, consola, anima o corpo e o espírito, cura a pane sexual e a depressão passageira, "está para o sexo como a aspirina para a medicina: uma panacéia". Fabert é feliz num rito imutável que enriquece e que participa profundamente de sua vida amorosa, não sendo, de forma alguma, uma atividade subalterna. Faz uma profissão de fé: "Confesso de boa vontade a quem mo pergunta que sou um masturbador convicto, perseverante e feliz."

Enfim, aparecem os adeptos do culto da masturbação de inspiração homossexual, no qual se encontra a obsessão masculina do genital e, freqüentemente, a ilusão da sexualidade a dois. Genet o declara muito bem *Notre-Dame-des Fleurs*: "Muito me apraz elevar a egoísta masturbação à dignidade de culto! Mal inicio o gesto, uma transpiração imunda e sobrenatural desencadeia a verdade. Tudo em mim adquire o papel do adorador." O recolhimento no desejo isola o masturbador do resto do mundo, o deus-sexo aparece-lhe, o corpo é seu templo; porém a comunhão só existe consigo mesmo. O mundo do cárcere impõe muito constrangimento, e até o abraço solitário deve ser furtivo: "Meu ódio e meu horror a essa vingança subsistem mais forte ainda, fazendo-me retesar, pois eu sentia em meus dedos o membro inchar — e segurava-o até que, enfim... sem despregar o olhar do guarda..." Genet, a quem não repugnará colocar o sexo em cena nem entrelaçar os corpos, confessa a profunda dimensão intimista de toda sexualidade: só se faz amor consigo mesmo.

Agora, é Sartre que planta uma bandarilha nas costas de Jouhandeau em seu virulento, *Saint Genet, comédien et Martyr* (São Genet, ator e Mártir). "Digo claramente: essa

Elogio da Masturbação

dialética cheira mal. Em primeiro lugar, é desperdiçar palavras só por causa de algumas masturbações solitárias ou a dois. Grande coisa! Onde está o crime? Onde reside a perversidade? As relações humanas são possíveis entre pederastas tanto quanto entre um homem e uma mulher." Em segundo lugar, prossegue Sartre, é preciso ser bastante pretensioso para imaginar que se cometeu "o pecado que condena". Então ele condena Jouhandeau, que gostaria de se oferecer como vítima e, assim, recuperar a consciência tranqüila. Mas não será Sartre quem fará tal confissão. Reconheçamos, ainda assim, que o menino Marcel dos *Chemins de l' adolescence* (Caminhos da adolescência) expressa em belas palavras os desvios do desejo: "Alguns meses foi puro espírito, abandonaram, esqueceram seu corpo. Quando o reencontraram, era um animal fiel, ofegante, atento, sem rancor, sempre pronto a oferecer prazer."

Fechemos este registro *da beleza do gesto* com a última provocação de Vincent Ravalec, em seu *Portrait des hommes qui se branlent* (Retrato dos homens que se masturbam), subtítulo *The Masturbators*, opúsculo bilíngüe ilustrado com fotografias do objeto do delito, para uso de motoristas curiosos dos ritos iniciais ou perdidos na noite entre o hipódromo e o Bois de Boulogne. O discurso é seco, direto, eficaz. A cada linha as mãos encontram os sexos num mar de deleite e de excitação onde cada palavra encontra outra palavra — *pau, membro, coisa, troço, gozar, barbicha, pêlo*. Garanhões no paroxismo do desejo encontravam outros garanhões à procura de prazer, homens, algumas mulheres para excitar a ereção, e depois o deus Pã, aqui chamado *membro, tronco, pau, estupro*... "Aí era especial, todas as noites mostrar o pau; os carros paravam, e eles se balançavam como doidos..." Essa fúria coletiva possui certamente o mérito de produzir a excitação que falta a certos machos. Como todo paroxismo, o sexo tem limites, e cada um sente sua necessidade iminente: "Você sabe, há tantas noites por vir que, às vezes, sinto até vertigem. Na sua opinião, se estivéssemos condenados a viver dois mil anos, continuaríamos a vir, ou isto não nos diria mais nada?..."

Poslúdio

> "Cheguei a pensar que a masturbação fosse o único grande hábito, a necessidade primitiva."
>
> SIGMUND FREUD, *Lettre à Fliess*, 1897

Para a maioria de nós, a masturbação é a prática sexual mais difundida, solitária ou a dois; para a maioria de nós, foi a primeira experiência sexual; enfim, para a maioria de nós, é garantia do equilíbrio pessoal e do desenvolvimento do casal; para todos, é, com toda a certeza, o elemento mais fundamental da sexualidade, indispensável ao seu amadurecimento, à sua plena realização, assim como à sua perpetuidade. Entretanto, continua sendo o mais sólido tabu da moral sexual do Ocidente.

Os anos passaram, a tempestade abrandou, a masturbação, doravante, é um direito do cidadão, embora não seja ainda suficientemente aceita. É preciso reafirmar com muita clareza que qualquer proibição está, agora, revogada

— masturbar-se é lícito, normal, belo, bom, adequado, agradável, conveniente, simples, excelente, decente, louvável, meritório, útil, válido, feliz, freqüente, habitual, comum, compreensível, excitante, apetitoso, atraente, cativante, recreativo, interessante, estimulante, elevado, apaixonante, tônico, reconfortante, vivificante, exaltante, perturbador, estonteante, inebriante, voluptuoso, legítimo, razoável, defensável, excusável, permitido, legal, autorizado, direito, válido, justificado, correto, justo, honesto, decente, natural... faça-o o homem ou a mulher, sobretudo a mulher, pois é ainda mais freqüente mulheres e moças — e mais raro entre os homens — entregarem-se ao auto-erotismo, dado lhes fazer grande bem.

O maior drama da masturbação reside em não falar-se nela. Não está em questão falar de si mesmo, declarar-se, confessar sua prática ou sua intimidade — a Inquisição terminou —, mas sim permitir que se fale sobre ela, sobre sua natureza, suas funções, seu papel na vida pessoal e na vida do casal. Como tudo o que se refere ao sexo, se não se fala nele, é em virtude de seu pretenso caráter "natural". É por isso que ainda não existe — ou existe em pequena escala — a educação sexual, pois por que aprender o que se considera natural?!

O conhecimento da sexualidade humana é, em suma, bastante recente; sua profunda evolução data apenas de algumas décadas. No que concerne ao auto-erotismo e à masturbação, as opiniões foram, de início, hesitantes entre os grandes pioneiros da sexualidade — Ellis, Freud, Kinsey, Masters e Johnson, Shere Hite — e em seguida reservadas, em virtude do silêncio da psicanálise sobre a questão. Hoje,

Elogio da Masturbação

todos os que se dedicam à sexologia expressam uma opinião clara e coerente.

A masturbação é uma técnica manual de obtenção do orgasmo, solitária ou a dois, individual ou recíproca. Sendo protótipo da sexualidade, ela permitiu numerosos avanços científicos e técnicos, o que não se trata de nenhum paradoxo. A primeira observação de Leeuwenhoek, que desencadeou a grande perseguição que acabamos de acompanhar, deveu-se, evidentemente, a uma masturbação, pois como obter de outra maneira espermatozóides?! O mais importante trabalho de Masters e Johnson, que mostrou a realidade fisiológica da sexualidade humana, notadamente a feminina, só foi possível graças à observação de milhares de orgasmos obtidos por masturbação. Enfim, a fecundação *in vitro*, notável terapêutica de certas esterilidades, utiliza-se do esperma obtido através da masturbação.

Embora experiência primária, a masturbação é estruturante da sexualidade nascente. Ela procede de um impulso predeterminado que permite a exploração e o despertar da sensorialidade. Já no útero, e bem antes que o sistema esteja formado, o feto explora o seu ambiente e acaricia o próprio corpo. A auto-estimulação é, aí, uma atividade bastante freqüente, e não está descartada a hipótese de que o feto já conheça os órgãos no ventre de sua mãe.

O recém-nascido continua seu aprendizado. Enquanto as mãos da mãe acariciam lentamente o corpo de seu bebê, à exceção do sexo, é exatamente essa região que ele toca para dela aprender todas as reações. O *despertar sensorial* do sexo se dá muito naturalmente, através do simples toque da mão, proporcionando sensações e despertando essa parte do corpo desde os primeiros dias de vida. Kinsey observa ainda nos bebês de menos de um ano toques e uma masturbação ativa desde os primeiros meses, havendo o primeiro orgasmo já aos cinco meses! "Num bebê ou em qualquer outro macho jovem", precisa ele, "o orgasmo é a réplica exata do orgasmo do adulto, exceção feita à ausência de ejaculação."

O sexo existe porque é tocado, estimulado, manipulado desde a primeira infância, porque proporciona sensações diferentes do resto do corpo, sensações que chamamos *prazer*. Uma vez que ele e ela descobrem sensações agradáveis obtidas através da manipulação dos órgãos genitais, o menino e a menina podem continuar essa prática durante toda a vida, com freqüência variável segundo a idade e seus modos de relação sexual. A masturbação não é nem suja, nem vergonhosa, nem perversa, nem restrita à adolescência e ao celibato. É uma etapa necessária e indispensável da maturação e garantia de autonomia sexual para o casal.

A primeira seqüência de auto-erotismo e de jogo sexual é seguida de uma segunda, na puberdade, para reafirmar a escolha dos impulsos. A masturbação serve, então, para a pessoa se familiarizar com suas próprias reações antes de vivê-las com o parceiro. Atitudes moralistas freqüentemente reprimiam a masturbação infantil com um enérgico "não mexa aí, é sujo!", condenando ao esquecimento e ao abandono essa região do corpo, que estará, daí por diante, carregada de medo e de proibição, geradora de profundas inibições. Se a criança pratica a masturbação em público, sem discrição, é importante não repreendê-lo, caso contrário se gerará um sentimento de culpa que poderá inibi-la em sua sexualidade futura. É preferível falar-lhe calmamente das

Elogio da Masturbação

conveniências desse ato, fundamentalmente "bom", que lhe pertence, mas que deve ser realizado privadamente. O auto-erotismo na infância serve para acalmar tensões internas e tranqüilizar crianças ansiosas. É, certamente, um bom ansiolítico. Não é de modo algum nefasto ou perverso.

A masturbação aparece, assim, como um protótipo da sexualidade, como uma experiência primária fundamental, uma etapa de maturação necessária e mesmo como um instrumento terapêutico, que permite, por exemplo, à mulher avaliar a amplificação vaginal do prazer clitoriano, e ao homem conhecer melhor e controlar seu reflexo ejaculatório. Ela é praticada solitariamente ou a dois; é uma das variantes do amor e um complemento do coito. Não se trata de um simples substituto, mas de uma parte indispensável ao desenvolvimento recíproco, e que, entretanto, entre os homens aparece muito estereotipada, ao passo que as mulheres a variam ao infinito. O homem que se auto-estimula possui tendência constante de concentrar-se nas sensações da região genital, deslocando a mão, pseudovagina, de alto a baixo do corpo do pênis. As mulheres que se masturbam utilizam os mais variados métodos. Masters e Johnson notaram que, entre suas voluntárias, não havia duas mulheres que se tocavam da mesma maneira. A maioria delas acariciava o clitóris ou, antes, estimulava toda a região do monte de Vênus com a mão ou com um artifício, sobre um lençol ou contra uma roupa, um simples toque, um movimento circular ou ainda um leve roçar. Outras faziam tração sobre os pequenos lábios ou deslocavam um dedo para dentro da vagina; outras, ainda, agiam por contração das coxas, por um movimento da bacia, por carícias em todo o corpo ou por estimulação dos seios. Contudo, homens e mulheres se utilizam do fantasma, cena imaginária, lembrança erótica ou qualquer outro suporte da imaginação, livros, fotos, vídeos. Porém a grande diferença entre mulheres e homens é seguramente o fato bastante surpreendente de que elas conseguem atingir o orgasmo com o simples recurso da imaginação.

Esse conhecimento recente não deixa de ser subversivo para os mantenedores da ordem e da repressão, os quais não desapareceram totalmente. É espantoso ler ainda hoje as colocações defensivas da parte de certos médicos conhecedores da sexualidade, como, por exemplo, um certo professor Joyeux, que defende o seguinte conceito: "Pode-se apresentar ao menino a masturbação como um desperdício de energia, uma perda de seu sêmen que traduz um dobrar-se sobre si mesmo (...)", ou, ainda, do mesmo autor: "Mas, em geral, a masturbação feminina aumenta a angústia e desestabiliza (...) e pode levar a uma repugnância de si mesma, pois arrasta atrás de si a culpa." Poder-se-ia dizer a mesma coisa da idéia de falta de naturalidade que continua ligada à masturbação e que me parece uma forma dissimulada de discriminação. Ao contrário da realidade sexual, que mostra que a maioria dos homens e das mulheres pratica a auto ou a heteromasturbação, essa noção demasiado propagada segundo a qual a masturbação seria a marca de uma falta de maturidade infantil provém do conceito freudiano, hoje claramente falso, de que a masturbação procederia de uma ordem pré-genital imatura, oposta à sexualidade genital, madura e adulta, que cultiva o coito vaginal, excluindo as práticas manuais. Foi esse mesmo conceito que

Elogio da Masturbação

fez Freud imaginar — pouco experiente em matéria de sexualidade, confessava e lamentava ele próprio — que existiam duas categorias femininas: as mulheres clitorianas, imaturas, que procuram o prazer pela masturbação; e as mulheres vaginais, adultas, que o procuram numa relação completa — visão masculina ou falocrática, privilegiando de certa maneira o prazer genital. Sabemos que a realidade é bem outra. Masters e Johnson mostraram claramente a equivalência fisiológica desses dois pretensos tipos de orgasmos, e poder-se-ia hoje dizer que existem mulheres pouco disponíveis a si mesmas e outras que o são mais; mulheres que preferem o fantasma e outras que preferem a presença; e que se observa, com freqüência, uma competição entre as fontes potenciais do prazer, seja ele clitoriano, seja vaginal. Nem por isso o prazer masturbatório é menor: é diferente.

Entretanto, resta ainda uma questão, que persiste em numerosos manuais de psiquiatria, até mesmo de sexologia, quando o autor, após ter desdramatizado a masturbação, emite uma reserva sobre sua prática demasiado freqüente ou prolongada além da adolescência. É fundamental saber que jamais se conseguiu demonstrar a menor ligação entre uma doença e a masturbação; ao contrário, antes se encontram mais efeitos positivos. Os raríssimos homens que nunca experimentaram a masturbação são, em geral, profundamente inibidos e submissos. Em contrapartida, a maioria das mulheres que vivem uma sexualidade desenvolvida conhece e pratica a masturbação, ao passo que a maior parte das que têm dificuldades sexuais jamais teve acesso a ela.

Essa prática habitual durante todo o transcurso da vida é a garantia do desenvolvimento pessoal. Pode-se dizer o mesmo em relação ao casal, em que ela representa o papel de amortecer atritos entre os parceiros, suas sensibilidades diferentes, seus desejos e prazeres.

Quantos casais se separam por desconhecer ou se privar do auto-erotismo, que, experimentado, lhes permitiria superar um momento difícil? Quantos casais se destruíram e anularam por falta de habilidade ou inexperiência de um deles, e porque o outro, privando-se de toda e qualquer atividade masturbatória, não conseguiu disfarçar sua incapacidade durante certo tempo e desdramatizar o conflito? Quantos homens vivem a frustração permanente de um erotismo reprimido com um(a) parceiro(a) sem desejo, porque se privam — ou lhes foi cortado — o verdadeiro caminho da autonomia? Quantas mulheres não conhecerão jamais esse prazer com que tanto sonharam, e que idealizaram, simplesmente porque imaginam que só possa vir de fora? E quantas pessoas ainda vivem mal pessoalmente ou a dois por não acreditar que a satisfação pessoal é, com toda a certeza, a garantia do equilíbrio do casal?

Aqueles que pensam que só vejo o "físico" na relação sexual, enganam-se. Está bem claro que não falo somente da superfície corporal, da única realidade concreta do amor, mas também de sua dimensão afetiva e dos símbolos que a constituem. Essa retórica requer uma reeducação, porque se envolveu o sexo em tal espécie de utopia simbólica — não há homem, não há mulher, não há corpo, não há sexo, parecia proclamar, há tão pouco tempo, a moral lacaniana — que me sinto obrigado a mostrar sua realidade. Uma realidade que passa pela superação do conflito interior, pela compreensão das marcas da vida afetiva, mas realidade que

Elogio da Masturbação

às vezes se basta e pode evoluir profundamente para um melhor conhecimento de si mesmo pela descoberta de um erotismo, o mais das vezes inexistente. Isto se contrapõe a uma parte da psicanálise monolítica e carregada de anátemas, que sempre defendeu e sustentou o caráter simbólico de todas as dificuldades sexuais. Não discuto aqui a teoria, mas o uso totalitário que se fez da língua. A experiência sexológica é outra. Ela mostrou que o desaparecimento do sintoma não é seguido de nenhum cataclismo, permitindo, ao contrário, um "ser-melhor" para si e para o outro, o que requer às vezes um trabalho pessoal. A masturbação, uma das vias dessa evolução, permite ao casal reencontrar a confiança; permite à mulher, durante um tempo, deixar de antecipar uma sexualidade mal vivida; permite ainda a essa mesma mulher aprender ou reaprender sensações de seu ser mais íntimo. É uma ajuda para o desabrochar total; é um instrumento terapêutico; não, de forma alguma, uma panacéia.

Em muito pouco tempo, passamos do *perigoso suplemento* de Rousseau ao *cínico expediente* dos médicos do século XIX, para conceber hoje o valor muito positivo desse *gesto de amor*, que produz prazer e desperta o erotismo, conquanto as mentalidades ainda não estejam, na realidade, profundamente transformadas.

Possa este *Elogio da masturbação* libertar consciências e apaziguar espíritos, pois — Montaigne não a renegou — a masturbação é seguramente o valor mais certo de nossos gestos de amor.

Bibliografia

APOLLINAIRE, G., *Les Onze mille verges*, Paris, J.-J. Pauvert, 1973.

ARAGON, L., *Le Paysan de Paris*, Paris, Gallimard, 1976.

ARSAN, E., *Emmanuelle*, Paris, Belfond, 1978.

BOUDARD, A., *L'Hôpital, une hostobiographie*, Paris, La Table ronde, 1972.

BUKOWSKI, Ch., *Notes of a Dirty Old Man (Mémories d'un vieux dégueulasse)*, Paris, Grasset, 1996.

CÉLINE, L.-F., *Voyage au bout de la nuit*, Paris, Gallimard, 1962.

CENDRARS, B., *Moravagine*, Paris, Grasset, 1983.

FABERT, G., *Autoportrait en eréction*, Paris, Régine Deforges, 1989.

GENET, J., *Notre-Dame-des-Fleurs*, Paris, Gallimard, 1953.

GIDE, A., *Si le grain ne meurt*, Paris, Gallimard, 1954.

GREEN, J., *Autobiographie*, in *Œuvres complètes*, Paris, Gallimard.

GUÉRIN, R., *L'Apprenti*, Paris, Gallimard, 1981.

LEDUC, V., *Thérèse et Isabelle*, Paris, Gallimard, 1966.

LEIRIS, M., *Aurora*, Paris, Gallimard, 1946.
——. *L'Âge d'homme*, Paris, Gallimard, 1964.
MILLER, H., *Sexus*, Paris, Christian Bourgois, 1995.
MIRBEAU, O., *Sébastien Roch*, Éd. Nationales, 1934.
PROUST, M., *Du côté de chez Swann*, Paris, Gallimard, 1954.
RAVALEC, V., *Portrait des hommes qui se branlent (The Masturbators)*, Paris, Le Dernier terrain vague, 1995.
ROCCO et ANTONIA, *Si les porcs avaient des ailes*, Paris, Stock, 1977.
SACHS, M., *Le Sabbat*, Paris, Gallimard, 1965.
SARTRE, J.-P, *Saint-Genet comédien et martyr*, Paris, Gallimard, 1952.
TOURNIER, M., *Les Météores*, Paris, Gallimard, 1975.

Pequeno glossário da masturbação

Eis um inventário não-cansativo dos derivados, sinônimos e qualificativos da *masturbação*, extraídos de mais de uma centena de obras referentes a essa *odiosa perversão*. A fúria passional dos adversários da masturbação não encontrou jamais palavras suficientemente fortes para nomear esse *mal supremo*, sempre o classificando através de palavras as mais diversas. A função deste impressionante e heteróclito catálogo era evidentemente suscitar angústia, vergonha e culpa. Entretanto, podem-se perceber, algumas grandes assinaturas nesse catálogo, como *o perigoso suplemento* e *a funesta vantagem* de Jean-Jacques Rousseau, *a coisa agradável* e *o instante delicioso* de Diderot, *a necessidade primitiva* de Freud e também *o ato demoníaco puro* de Jean-Paul Sartre. Esta lista impressionante pode ser comparada ao inventário de semiologia sexual de Pierre Guiraud, que engloba mil e trezentas palavras para designar o pênis, e nos leva a pensar que, no contexto de sua repressão e na época dos médicos do amor, a masturbação foi certamente o primeiro referencial da linguagem.

aberração moral
abominação
abstinência enganadora
abuso de si
abuso de si mesmo
abuso odioso
abuso ordinário
abuso sexual
abuso venéreo
ação solitária
agir contra a natureza
alívio
alternativa agradável
amor consigo mesmo
amor independente
anomalia constitucional
aparência de aparência
aprendizagem amorosa
ardor inextinguível
arrebatamento solitário
artifício genital
assassinato
assassinato iníquo
atentado ao pudor
atentado contra a natureza
atividade auto-erótica
atividade de substituição
atividade monomaníaca
atividade solitária
atividade subalterna

ato abusivo
ato antifísico
ato compulsivo
ato contra a natureza
ato da mão
ato de agressão
ato de suicídio
ato demoníaco
ato imaturo
ato imoral
ato infeliz
ato insensato
ato material
ato mortal
ato paranatural
ato pré-genital
ato repugnante
ato secreto
ato semimórbido
ato solitário
ato vicioso
atração funesta
autismo estéril
autocomplacência
auto-erotismo
auto-erotismo mórbido
auto-erotismo ordinário
auto-estimulação
automanipulação
automatismo reflexo

Elogio da Masturbação

autonomia sexual
autoprofanação
auto-satisfação
auto-sexualidade
auto-suficiência
avatar genital
bobagem de menino
calamidade pública
câncer
carícia
carícia criminosa
carícia voluptuosa
carícias culpáveis
carreira funesta
causa de loucura
cena lúbrica
chaga da sociedade
chaga viva
clitoridismo
coceira agradável
coisa agradável
coisa bem simples
coito interrompido
coitus interruptus
comércio criminoso
comércio devasso
comércio indiscreto
complacência viciosa
comportamento anormal
comportamento banal

comportamento desviado
comportamento primitivo
comportamento vergonhoso
compromisso infantil
comunhão solitária
conduta culpável
conduta de espera
conduta evacuadora
conduta secreta
constrangimento fisiológico
constrangimento incoercível
consumação perversa
consumpção dorsal
contingência de uma fricção
contingência do gesto
contra naturam
contra-sexualidade
convulsão amorosa
corrupção
corrupção dos costumes
costume infame
costume odioso
costume pavoroso
crime
crime abjeto
crime abominável
crime animal
crime antifísico
crime atroz
crime censurado

crime contra a humanidade
crime contra Deus
crime de desejo
crime de Onã
crime diante de Deus
crime pernicioso
crime reputado como grave
crime secreto
crime social
crime vergonhoso
dança obscena
deboche contra a natureza
decadência
decadência física
decadência funesta
decadência maníaca
decadência moral
decadência perversa
decadência psicológica
defeito contra a natureza
delação sedutora
deliciosa prática
delito ignóbil
demência perversa
depravação moral
depravação viciosa
desabrochar pessoal
desatino da imaginação
desejo edipiano
desejo incompleto

desejo lascivo
desespero íntimo
desonra prematura
desordem completa
desordem funesta
desordem vergonhosa
desperdício de energia
desperdício seminal
desregramento
desregramento culpável
desregramento dos costumes
desregramento inimaginável
desregramento juvenil
desregramento solitário
destruição mortal
desvio inveterado
desvio mascarado
desvio precoce
desvio simples
desvio solitário
devassidão
devassidão desenfreada
devassidão exagerada
devassidão infame
devassidão manual
devassidão refinada
devassidão sem limites
devassidão solitária
divertimento infantil
doença das olheiras

Elogio da Masturbação

doença grave
doença mortal
drama das famílias
efusão de vida
egocentrismo
egoísmo monstruoso
elemento fundamental
empreendimento proibido
engano da ausência
engano da natureza
engano funesto
engenhosidade mórbida
enorme (o)
enormidade
enormidade da mão
enormidade pavorosa
enormidade secreta
enurese infantil
enurese noturna
enxurrada de sêmen
epidemia culpável
epidemia infernal
epidemia viciosa
equilíbrio pessoal
erotismo culpável
erotismo descongestivo
erro catastrófico
erro concreto
ersatz genital
erupção voluntária

escândalo impudico
escape proibido
escola do abandono
escravidão habitual
espasmo solitário
espasmo voluptuoso
espécie de devassidão
espermatorréia voluntária
espetáculo aflitivo
estado infeliz
etapa indispensável
etapa maturativa
etapa necessária
evacuação contra a natureza
evacuação excessiva
evacuação perigosa
excesso culpável
excesso de devassidão
excesso funesto
excesso genital
excesso maníaco
excesso venéreo
excesso vergonhoso
excitação local
excitação manual
excitação perversa
excreção forçada
excreção ilegítima
excreção ilícita

excreção imoderada
exercício egoísta
expediente cínico
experiência didática
experiência dolosa
experiência mórbida
experiência primária
experiência solitária
exploração de si mesmo
expressão incompleta
exuberância sexual
exutório de fantasmas
fadiga viciosa
falsa convulsão
falsa necessidade
falsa volúpia
falso coito
falso deleite
falso passo
falta grave
falta horrível
falta sexual
falta venérea
fantasma incestuoso
fenômeno horrível
fervor mantido
fixação anormal
flagelo das famílias
flagelo do mundo
flagelo hereditário

flagelo terrível
fome insaciável
fornicação
fraqueza acidental
fraqueza episódica
fraqueza humana
fraqueza impenitente
fraude genesíaca
fricção mecânica
fricção perversa
fricção prolongada
fricção viciosa
furor
furor espermático
furor infame
genitalidade de profanação
gentileza de colégio
gestão estéril
gesto
gesto banal
gesto compensatório
gesto de amor
gesto infecundo
gesto irreligioso
gesto sem controle
gesto sujo
ginástica solitária
grande desordem moral
grande hábito
hábito

hábito (o)
hábito ancestral
hábito antigo
hábito criminoso
hábito de demência
hábito deplorável
hábito depravado
hábito descongestivo
hábito desnaturado
hábito detestável
hábito enjoado
hábito escolástico
hábito fatal
hábito funesto
hábito hediondo
hábito higiênico
hábito imundo
hábito infame
hábito lamentável
hábito mórbido
hábito narcísico
hábito nocivo
hábito odioso
hábito pernicioso
hábito prejudicial
hábito secreto
hábito sexual
hábito solitário
hábito tirânico
hábito vergonhoso

higiene ilícita
higiene sexual
higiene solitária
hiperatividade mórbida
horror
horror hipócrita
horror infernal
humilhação da natureza
idéia extragenital
idéia fixa
idéia lasciva
ilusão sexual
imagem revoltante
imaginação corrompida
imaturidade
imoralidade culpável
imperfeição afetiva
imperfeição sexual
imprudência
imprudência maníaca
impudicícia
impudicícia secreta
impureza
impureza consigo mesmo
impureza culpável
impureza inconfessável
impureza manual
inconsciência lamentável
indignidade
indolência culpável

infâmia
infâmia abominável
infâmia artificial
infâmia de Onã
infância repugnante
infanticídio
infantilismo
inibição
instante delicioso
instante necessário
instinto de evacuação
instinto fatal
ipsação
ipsação auto-erótica
ipsação hereditária
ipsação passageira
ipsacionismo
irresponsabilidade absoluta
irritação genital
jogo abusivo
jogo genital
jogo infantil
jogo nocivo
jogo perverso
jogo solitário
jogo vicioso
lascividade secreta
lepra
lepra vergonhosa
libertinagem mentirosa

libertinagem solitária
loucura execrável
loucura extravagante
loucura normal
loucura solitária
lubricidade
lubricidade hereditária
luxuria
luxúria
luxúria artificial
luxúria interior
luxúria maliciosa
luxúria mortal
luxúria odiosa
má ação
mal abjeto
mal hereditário
mal horrendo
mal original
mal solitário
mal supremo
mal vergonhoso
mancha clitoriana
mancha culposa
mancha da carne
mancha da noite
mancha de si
mancha infantil
mancha manual
mancha sensual

Elogio da Masturbação

mancha viciosa
maneira libertina
mania celibatária
mania das mãos
mania de compensação
mania desastrosa
mania estéril
mania funesta
mania ignóbil
manifestação culposa
manifestação impudica
manifestação instintiva
manobra apaziguadora
manobra descongestiva
manobra digital
manobra funesta
manobra ilícita
manobra inconfessável
manobra lamentável
manobra má
manobra narcísica
manobra nociva
manobra onanística
manobra perversa
manobra solitária
manobra vergonhosa
manobra viciosa
manstupração
manuelização
manustupração
manustupraciomania
mão homicida
massagem vigorosa
masturbação
masturbomania
maturação sexual
mau desejo
mau hábito
medição incontornável
meio artificial
meio contra a natureza
mero gesto exonerador
minuto de vertigem
miséria da humanidade
miséria humana
miséria sexual
moleza
mollities
momento de pecado
movimento gracioso
movimento repetitivo
movimento ritmado
narcisismo perverso
narcisismo pseudovaginal
necessidade natural
necessidade primitiva
necessidade sexual
negócio privado
nervosismo imaginativo
neurose criminal

neurose de compensação
neurose narcísica
neurose sexual
neurose sexual caracterizada
nocividade da carne
obra das trevas
obra infrutífera
obsessão
obsessão masculina
ofensa a Deus
onania
onanismo
onanismo desenfreado
onanismo funesto
one-man-show
orgasmo culpável
orgasmo solitário
paixão
paixão contra natureza
paixão criminal
paixão criminosa
paixão funesta
paixão indomável
paixão infame
paixão obscura
paixão solitária
paixão vergonhosa
panacéia sexual
parafilia
parapatia

paroxismo histérico
passividade infantil
pecado contra a natureza
pecado contra a pureza
pecado da juventude
pecado de fraqueza
pecado de inércia
pecado de luxúria
pecado de moleza
pecado de Onã
pecado de preguiça
pecado de profanação
pecado estéril
pecado maldito
pecado mortal
pecado renovado
pecado secreto
pecado universal
pensamento imundo
pequena neurose
perda seminal
perigo de morte
perigo privado
perigoso malogro
perigoso suplemento
perturbação sexológica
perversão
perversão caracterizada
perversão sistemática
perversidade notória

Elogio da Masturbação

petilomania
pior caminho
prática abominável
prática abusiva
prática ansiosa e mórbida
prática bizarra
prática demencial crônica
prática detestável
prática episódica
prática frenética
prática funesta
prática hereditária
prática infame
prática lasciva
prática nociva
prática onanística
prática peniana
prática perniciosa
prática superabundante
prazer abusivo
prazer clandestino
prazer contra a natureza
prazer criminoso
prazer das escolas
prazer de compensação
prazer desconhecido
prazer desordenado
prazer diabólico
prazer dos deuses
prazer egoísta
prazer enganador
prazer estéril
prazer excessivo
prazer filosófico
prazer forçado
prazer fugitivo
prazer furtivo
prazer genital
prazer idiota
prazer ilícito
prazer independente
prazer individual
prazer inferior
prazer inocente
prazer liberatório
prazer maníaco
prazer mentiroso
prazer odioso
prazer original
prazer paranatural
prazer paroxístico
prazer ridículo
prazer satânico
prazer solitário
prazer *sui generis*
prazer vergonhoso
precipício voluntário
pretensa necessidade
primeira experiência
primeira volúpia

problema moral
procedimento bárbaro
procura solitária
profanação
profanação descongestiva
profanação do corpo
profanação manual
profanação voluntária
projeção mental doentia
prostituição
prostituição genital
prostituição manual
prostituição secreta
pseudocoito
pseudopenetração
pseudoplenitude
pseudo-reflexo genital
psicopatia sexual
pulsão incoercível
pulsão natural
pura satisfação
puro ato vergonhoso
quadro repugnante
quase-solipsismo libidinal
realidade biológica
recreação perigosa
regressão animal
regressão sexual
relaxamento lamentável
renúncia ao casamento

rito imutável
sacrilégio
sacudida
sacudidela
satisfação auto-erótica
satisfação cômoda
satisfação culposa
satisfação erótica
satisfação solitária
segredo fatal
seiva do desejo
self-pollution
semen extra vas
sensação impura
sensualidade vergonhosa
sexo criminoso
sexualidade imatura
sexualidade inacabada
sexualidade incompleta
sexualidade mecânica
sexualidade solitária
sobrecarga nefasta
solicitação biológica
solicitação ofensiva
sonífero natural
substituto
substituto culposo
substituto de fornicação
substituto estéril
substituto legítimo

Elogio da Masturbação

substituto pavoroso
subterfúgio amoroso
sucedâneo antecipado
sucedâneo do amor
sucedâneo heterossexual
suicídio
sujeira imunda
sujeito repugnante
tara ancestral
tara solitária
tendência culposa
tendência desenfreada
tendência doentia
tendência funesta
tendência infeliz
tendência instintiva
tendência perigosa
tendência solitária
tendência vergonhosa
tentação singular
tique nervoso
tirania do hábito
tirania do momento
tocadela
toque culpável
toque desonesto
toque digital
toque impuro
toque manual
toque repetido

toque secreto
toque solitário
toque vergonhoso
toque vicioso
toque voluptuoso
torpeza
torpeza funesta
torpeza nojenta
torpeza repugnante
toxicomania
triste sucedâneo
turgescência doentia
ultraje à natureza
ultraje ao pudor
ultraje histérico
vacuidade penosa
vantagem funesta
verdadeira doença
vergonha
vergonha de si
vergonha prática
vício
vício artificial
vício atroz
vício cômodo
vício comum
vício contra a natureza
vício da primeira infância
vício de educação
vício de onanismo

vício dos colégios
vício funesto
vício genital
vício hereditário
vício imperdoável
vício impúbere
vício infantil
vício manifesto
vício manual
vício orgânico
vício persistente
vício secreto
vício solitário

vil espetáculo
vil manobra
vil substituto
violação da natureza
vis maneiras
volúpia artificial
volúpia criminosa
volúpia culpável
volúpia dolorosa
volúpia obscena
volúpia solitária
voluptuosidade amarga

Seja um Leitor Preferencial Record
e receba informações sobre nossos lançamentos.
Escreva para
**RP Record
Caixa Postal 23.052
Rio de Janeiro, RJ – CEP 20922-970**
dando seu nome e endereço
e tenha acesso a nossas ofertas especiais.

Válido somente no Brasil.

Impresso no Brasil pelo
Sistema Cameron da Divisão Gráfica da
DISTRIBUIDORA RECORD DE SERVIÇOS DE IMPRENSA S.A.
Rua Argentina 171 – Rio de Janeiro, RJ – 20921-380 – Tel.: 585-2000